ORACIONES *y* DECLARACIONES

para la

MUJER

de DIOS

ORACIONES *y* DECLARACIONES
para la

MUJER
de DIOS

MICHELLE McCLAIN-WALTERS

CASA
CREACIÓN

La mayoría de los productos de Casa Creación están disponibles a un precio con descuento en cantidades de mayoreo para promociones de ventas, ofertas especiales, levantar fondos y atender necesidades educativas. Para más información, escriba a Casa Creación, 600 Rinehart Road, Lake Mary, Florida, 32746; o llame al teléfono (407) 333-7117 en Estados Unidos.

Oraciones y declaraciones para la mujer de Dios
por Michelle McClain-Walters
Publicado por Casa Creación
Una compañía de Charisma Media
600 Rinehart Road
Lake Mary, Florida 32746
www.casacreacion.com

Las citas de la Escritura marcadas (DHH) corresponden a la Santa Biblia, *Dios habla hoy*®, Tercera edición © Sociedades Bíblicas Unidas, 1966, 1970, 1979, 1983, 1996. Usada con permiso.

Las citas de la Escritura marcadas (LBLA) corresponden a La Biblia de las Américas © Copyright 1986, 1995, 1997 por The Lockman Foundation. Usada con permiso.

Las citas de la Escritura marcadas (TLA) corresponden a la Traducción en lenguaje actual Copyright © Sociedades Bíblicas Unidas, 2000. Usado con permiso.

Las citas de la Escritura marcadas (RVA) corresponden a la Santa Biblia Reina Valera Antigua. Dominio público.

Las citas de la Escritura marcadas (RVA-2015) corresponden a la versión Reina Valera Actualizada, Copyright © 2015 por la Editorial Mundo Hispano. Usada con permiso.

Las citas de la Escritura marcadas (BLP) corresponden a la Biblia La Palabra, (versión española) © 2010 Texto y Edición, Sociedad Bíblica de España.

Traducido por: Yvette Fernández-Cortez/www.TrueMessage.co
Edición por: Nancy Carrera
Director de Diseño: Justin Evans

Originally published in the U.S.A. under the title:
Prayers and Declarations for the Woman of God
Published by Charisma House, a Charisma Media Company,
Lake Mary, FL 32746 USA
Copyright © 2018
All rights reserved

Visite la página web de la autora:
www.michellemcclainministries.com

Copyright © 2018 por Casa Creación
Todos los derechos reservados

Library of Congress Control Number: 2017958906
ISBN: 978-1-62999-369-0
E-book: 978-1-62999-375-1

Porciones de este libro fueron previamente publicadas por Casa Creación y Charisma House bajo los títulos: *La unción de Ester*, ISBN 978-1-62136-855-7, copyright © 2014; *La unción de Débora*, ISBN 978-1-62998-787-3, copyright © 2015; *The Anna Anointing*, ISBN 978-1-62998-947-1, copyright © 2017; *The Ruth Anointing*, ISBN 978-1-62999-463-5, copyright © 2018.

Impreso en los Estados Unidos de América
18 19 20 21 22 * 5 4 3 2 1

TABLA DE CONTENIDO

Parte III: Transformación externa

Parte IV: Profundice

Parte V: Conviértase en una mujer de Dios

INTRODUCCIÓN

LA VIDA ESTÁ llena de temporadas. Algunas son difíciles y otras, fáciles. Unas están llenas de gozo y otras pueden estar llenas de dolor y pesar. Algunas temporadas están llenas de crecimiento y de éxito, y otras más son un tiempo en que Dios le llama a profundizar. Sin embargo, donde sea que se encuentre en su vida, yo sé que Dios está con usted en medio de todo. Él tiene algo que decirle en su situación actual, y Él tiene un plan para su futuro.

El objetivo de este libro es ayudarle allí donde usted se encuentra. Habla de temporadas y circunstancias diferentes que las mujeres de Dios experimentan, con temas que varían desde confiar en Dios pasando por liberarse de la amargura, servir a los demás, librar una batalla espiritual hasta convertirse en una mujer virtuosa. Cada tema incluye una escritura para guiarle, declaraciones cortas de una o dos oraciones para que usted las proclame sobre su vida, oraciones más largas y profundas y una sección para que escriba a diario sus propias oraciones y declaraciones para cada una de las diferentes áreas y épocas de la vida.

Cada uno de estos componentes tiene su propia aplicación en su proceso de crecimiento. La Escritura es, por supuesto, el primer lugar donde debería buscar cuando enfrenta una nueva temporada de la vida o un obstáculo que tenga que vencer. Tal como lo dice 2 Timoteo 3:16–17:

"Toda la Escritura es inspirada por Dios, y útil para enseñar, para redargüir, para corregir, para instruir en justicia, a fin de que el hombre de Dios sea perfecto, enteramente preparado para toda buena obra". Cada tema empieza con una escritura relacionada pues ese es el primer lugar donde debemos buscar, y la Escritura debe conformar las declaraciones que proclamamos y las oraciones que hacemos. Lea estas escrituras y piense en lo que le están diciendo a su vida hoy, y procure implementarlas en sus acciones, declaraciones y oraciones.

Luego, cada sección incluye varias declaraciones de una o dos oraciones. Son cortas, ¡pero poderosas! Muchas de estas declaraciones nacieron de la Escritura misma. ¿Qué mejor que proclamar sobre su vida, planes, familia, ciudad y futuro la Palabra de Dios? Debido a que estas declaraciones son tan cortas, usted puede memorizarlas y pronunciarlas diariamente sobre su vida. Puede escribirlas en *Post Its* y pegarlas en su espejo para orar por ellas mientras se prepara para su día. O, puede guardarlas en su teléfono y poner una alarma como recordatorio para decretarlas para ese día. O, podría ponerlas en tarjetas y llevarlas en su bolsillo o cartera y sacarlas en los momentos libres para proclamarlas en oración sobre su vida. Sin importar cuál método sea, lleve estas declaraciones consigo. Úselas cada día a medida que procura profundizar en su relación con el Padre.

Cada tema incluye, además, oraciones más profundas y largas. Estas son oraciones profundas para cada tema. Algunas de ellas están relacionadas con la Escritura, y otras son sencillamente oración de mi corazón que hice mientras atravesaba algo que tenía que superar. Tome estas oraciones y hágalas suyas. Piense detenidamente en las palabras, asegúrese de que las dice de corazón y, luego, llévelas ante el Señor.

Cada tema termina con un espacio para que usted escriba sus propias declaraciones y oraciones. Tome una escritura y conviértala en una declaración que usted pueda reclamar sobre su vida y futuro. O, escriba sus propias oraciones largas y de corazón. O, puede hacer ambas cosas. Aquí es donde tiene la oportunidad de ser una participante activa. Ha visto la Escritura; ha visto ejemplos de declaraciones y oraciones. Ahora, aprópiese de ellas. Personalice sus declaraciones y oraciones para la situación exacta en la que se encuentra y ore.

Puede leer este libro de una sola vez, si así lo desea. Sin embargo, está hecho para que le sea útil dondequiera que se encuentre. Así que, si usted está atravesando algo, encuentre la sección que se relacione con el lugar donde está y trabaje esa parte primero. El libro está dividido en cinco partes con temas más específicos en cada una. Puede encontrar un tema amplio con el que esté lidiando, tal como buscar transformación interior a través de Cristo y leer cada tema de manera sucesiva. También, puede encontrar temas específicos relacionados exactamente con lo que usted está atravesando hoy y leer esa parte solamente. Dicho de otra forma, este libro es suyo. Úselo en la forma que sea más útil para usted y procure profundizar su relación con Cristo y empezar a compartir de Él con quienes le rodean.

Parte I

ACÉRQUESE A DIOS

IOS FAVORECE A las mujeres que comprometen su vida a ministrarle, las que se acercan a Él, lo adoran, declaran su Palabra en la tierra, meditan en su Palabra, y tienen acceso a su corazón. Ministrar al Señor significa amar a Dios con todo nuestro corazón. Este es nuestro llamado principal, incluso está por encima de ministrar a los demás. Aprender a arrepentirse, confiar en Dios y permanecer en Él son claves para mantenerse cerca del Señor, y las oraciones y declaraciones en esta sección le ayudarán a hacer exactamente eso.

Cuando nos acercamos a Dios, servimos y trabajamos desde una posición de amor y no solo por las obras o por el desempeño. Muchas veces, podemos desarrollar una mentalidad de obras y perder nuestro sentido de valor propio. A medida que pasemos tiempo con el Señor, Él abrirá una brecha en nuestro corazón y podremos vernos a nosotras mismas a la luz de su gloria.

Ministrar al Señor no es una molestia, sino un privilegio y un honor. Es clave para desarrollar su identidad; es clave para develar su destino. El Salmo 16:11 dice: "Me mostrarás la senda de la vida; en tu presencia hay plenitud de gozo; delicias a tu diestra para siempre". Si está enfrentando confusión respecto a quien usted es y para qué fue diseñada, intente ministrar al Señor. Cuando se consagre a Dios y pase tiempo declarando su nombre y diciéndole cuánto lo ama, Él le mostrará la senda de vida.

ARREPIÉNTASE

ESCRITURAS

Ten piedad de mí, oh Dios, conforme a tu misericordia; conforme a la multitud de tus piedades borra mis rebeliones. Lávame más y más de mi maldad, y límpiame de mi pecado. Porque yo reconozco mis rebeliones, y mi pecado está siempre delante de mí. Contra ti, contra ti solo he pecado, y he hecho lo malo delante de tus ojos; para que seas reconocido justo en tu palabra, y tenido por puro en tu juicio. He aquí, en maldad he sido formado, y en pecado me concibió mi madre. He aquí, tú amas la verdad en lo íntimo, y en lo secreto me has hecho comprender sabiduría. Purifícame con hisopo, y seré limpio; lávame, y seré más blanco que la nieve. Hazme oír gozo y alegría, y se recrearán los huesos que has abatido. Esconde tu rostro de mis pecados, y borra todas mis maldades. Crea en mí, oh Dios, un corazón limpio, y renueva un espíritu recto dentro de mí. No me eches de delante de ti, y no quites de mí tu santo Espíritu. Vuélveme el gozo de tu salvación, y espíritu noble me sustente.

—SALMO 51:1–12

El que encubre sus pecados no prosperará; mas el que los confiesa y se aparta alcanzará misericordia.

—PROVERBIOS 28:13

Rasgad vuestro corazón, y no vuestros vestidos, y convertíos a Jehová vuestro Dios; porque misericordioso es y clemente, tardo para la ira y grande en misericordia, y que se duele del castigo.

—Joel 2:13

Respondiendo Jesús, les dijo: Los que están sanos no tienen necesidad de médico, sino los enfermos. No he venido a llamar a justos, sino a pecadores al arrepentimiento.

—Lucas 5:31–32

Si confesamos nuestros pecados, él es fiel y justo para perdonar nuestros pecados, y limpiarnos de toda maldad.

—1 Juan 1:9

Declaraciones

Abriré mi corazón y mi espíritu a la voz del Señor para pedirle que me redarguya de cualquier pecado en mi vida.

Cuando sienta una tristeza que venga de Dios, me regocijaré sabiendo que esta me llevará al arrepentimiento (2 Corintios 7:10).

El Señor es dulce y misericordioso; Él me lo demostrará cuando me arrepienta y vuelva a Él.

Cuando reconozca mi pecado ante mí y me arrepienta, seré limpiada y renovada.

Si estoy en Cristo, el Señor me perdonará y me hará nueva (2 Corintios 5:17).

El Señor vino para sanar a los enfermos, para llamar a los pecadores al arrepentimiento; yo responderé a ese llamado.

Si confieso mi pecado, el Señor es fiel y justo para perdonar mi pecado y limpiarme de toda maldad (1 Juan 1:9).

ORACIONES

Padre, vengo valientemente delante del trono de la gracia para obtener misericordia y hallar gracia en tiempo de necesidad. Te pido que tengas misericordia de mí según tu bondad amorosa y tu dulce misericordia. Elimina mis transgresiones y límpiame completamente de mi pecado. Señor, te pido que crees en mí un corazón limpio y que renueves un espíritu recto dentro de mí. Me arrepiento de [diga de qué se arrepiente]. Señor, te pido que me perdones. Reconozco mi pecado y te pido que me purgues con hisopo y me limpies de mi pecado. Permite que el gozo y la alegría regresen a mi corazón. En el nombre de Jesús.

Padre, te pido que desates, una vez más, un espíritu que redarguya sobre el corazón del hombre. Permite que sean profundamente redargüidos de pecado. Muchos se han vuelto políticamente correctos abandonando la verdad del evangelio. Te pido que los líderes vuelvan a predicar la verdad de tu Palabra. Permite que el fuego refinador sea liberado en tu iglesia. Purifica y quema cualquier cosa que haya en nuestro corazón que no sea como tú. Tu Palabra dice que el producto de la tristeza que viene de Dios es el arrepentimiento. Señor, te pido que el cuerpo de Cristo venga al arrepentimiento, confesión y acción verdaderas. Te pido que regrese a la iglesia el verdadero quebrantamiento espiritual. Deja que haya un regreso al ayuno, llanto y luto. Permite que los pastores de mi nación prediquen mensajes que estimulen el arrepentimiento verdadero.

SU TURNO

Use el espacio de abajo para escribir sus propias oraciones y declaraciones:

_____

_____

_____

_____

_____

_____

_____

_____

_____

_____

_____

_____

PERMANEZCA

Escrituras

Y me buscaréis y me hallaréis, porque me buscaréis de todo vuestro corazón.

—Jeremías 29:13

Permaneced en mí, y yo en vosotros. Como el pámpano no puede llevar fruto por sí mismo, si no permanece en la vid, así tampoco vosotros, si no permanecéis en mí. Yo soy la vid, vosotros los pámpanos; el que permanece en mí, y yo en él, éste lleva mucho fruto; porque separados de mí nada podéis hacer. El que en mí no permanece, será echado fuera como pámpano, y se secará; y los recogen, y los echan en el fuego, y arden. Si permanecéis en mí, y mis palabras permanecen en vosotros, pedid todo lo que queréis, y os será hecho. En esto es glorificado mi Padre, en que llevéis mucho fruto, y seáis así mis discípulos. Como el Padre me ha amado, así también yo os he amado; permaneced en mi amor.

—Juan 15:4–9

Con Cristo estoy juntamente crucificado, y ya no vivo yo, mas vive Cristo en mí; y lo que ahora vivo en la carne, lo vivo en la fe del Hijo de Dios, el cual me amó y se entregó a sí mismo por mí.

—Gálatas 2:20

DECLARACIONES

Permaneceré en el Señor, y al hacerlo, seré más fructífera.

Buscaré el rostro del Señor continuamente. Mientras busco tus pensamientos, llena mi corazón, mente y alma con tu perspectiva respecto a mi vida.

El Señor es la vid, yo soy la rama, dependo de Él y de la nutrición que me provee.

Nada puedo hacer sin el Señor, así que permaneceré en su presencia.

Me volveré al Señor y buscaré su presencia, pues lo necesito en mi vida.

Ya no vivo en la fuerza de mi carne, sino que Cristo vive en mí.

El Señor me guiará por las sendas de justicia.

ORACIÓN

Yo creo en tu Palabra. Tú eres la vid y yo soy la rama. Permaneceré en ti todos los días de mi vida. Sin ti nada puedo hacer. Necesito tu presencia en mi vida. Te necesito a ti. Guíame y dirígeme por tu Espíritu. Quiero dar el fruto que permanezca en mi vida. Quiero tener un carácter como el de Dios mientras permanezco en ti. Muéstrame tus caminos. Guíame por los senderos de justicia por amor a tu nombre.

SU TURNO

Use el espacio de abajo para escribir sus propias oraciones
y declaraciones:

_____

_____

_____

_____

_____

_____

_____

_____

_____

_____

_____

_____

_____

_____

_____

_____

_____

_____

_____

ENCUENTRE REDENCIÓN Y RESTAURACIÓN

ESCRITURAS

Redención ha enviado a su pueblo; para siempre ha ordenado su pacto; Santo y temible es su nombre.

—SALMO 111:9

Espere Israel a Jehová, porque en Jehová hay misericordia, y abundante redención con él.

—SALMO 130:7

Así que, arrepentíos y convertíos, para que sean borrados vuestros pecados; para que vengan de la presencia del Señor tiempos de refrigerio, y él envíe a Jesucristo, que os fue antes anunciado; a quien de cierto es necesario que el cielo reciba hasta los tiempos de la restauración de todas las cosas, de que habló Dios por boca de sus santos profetas que han sido desde tiempo antiguo.

—HECHOS 3:19–21

En quien tenemos redención por su sangre, el perdón de pecados según las riquezas de su gracia.

—EFESIOS 1:7

DECLARACIONES

Me lavaré y prepararé para la redención del Señor (Efesios 5:26–27).

Buscaré la santificación del Señor.

Procuraré la unción del Espíritu Santo en mi búsqueda de redención.

Dios el Padre será mi redentor, y Él me separará de las cosas que me impiden estar donde debería.

Dios me cubrirá y me pondrá bajo su protección.

El Señor me restaurará.

Me sentaré a los pies del Redentor a esperar sus instrucciones.

ORACIÓN

Padre, me humillo bajo tu mano poderosa. Tú eres justo. Yo no tengo justicia propia. Pongo mi vida en tus manos. Señor, te pido que limpies mi corazón por el lavamiento de tu Palabra. Cambia mi corazón mientras cambias mis circunstancias. Tú me das vida. Tú me das fuerza. Tú me das paz.

SU TURNO

Use el espacio de abajo para escribir sus propias oraciones y declaraciones:

_____

_____

_____

_____

_____

SEA UN SACRIFICIO VIVO

ESCRITURAS

Así que, hermanos, os ruego por las misericordias de Dios, que presentéis vuestros cuerpos en sacrificio vivo, santo, agradable a Dios, que es vuestro culto racional.

—ROMANOS 12:1

¿O ignoráis que vuestro cuerpo es templo del Espíritu Santo, el cual está en vosotros, el cual tenéis de Dios, y que no sois vuestros? Porque habéis sido comprados por precio; glorificad, pues, a Dios en vuestro cuerpo y en vuestro espíritu, los cuales son de Dios.

—1 CORINTIOS 6:19–20

Sed, pues, imitadores de Dios como hijos amados. Y andad en amor, como también Cristo nos amó, y se entregó a sí mismo por nosotros, ofrenda y sacrificio a Dios en olor fragante.

—EFESIOS 5:1–2

DECLARACIONES

Me rindo al Señor como un acto de sumisión.

Seré un sacrificio vivo para el Señor y me someteré a la santidad como un acto de adoración.

Mi cuerpo es templo del Espíritu Santo; viviré para Él y lo glorificaré con mi cuerpo y mi vida.

No viviré como el mundo lo hace; en lugar de eso, seré transformada por el Señor y seguiré su voluntad para mi vida.

Amaré al Padre, no a las cosas de este mundo. (Vea 1 Juan 2:15–16).

Viviré mi vida como un sacrificio para el Señor.

Me humillaré continuamente ante la mano poderosa de Dios.

ORACIÓN

Señor, te presento mi cuerpo como sacrificio vivo. Me acerco a ti de todo corazón. Me entrego a ti. Quiero ser santa y aceptable para ti. Mi vida está en tus manos. Te entrego mi corazón y todo mi dolor y decepción. Crea en mí un corazón limpio, y renueva en mí un espíritu recto, firme. Señor, llévame al monte del cambio. Quiero ser transformada a tu imagen. Hazme como tú. Muéstrame la razón por la que me creaste.

SU TURNO

Use el espacio de abajo para escribir sus propias oraciones y declaraciones:

_____

_____

_____

_____

_____

_____

_____

_____

_____

_____

_____

_____

_____

_____

_____

_____

_____

_____

_____

_____

_____

_____

_____

_____

CONSÁGRESE A SÍ MISMA

Escrituras

Entonces Moisés dijo: Hoy os habéis consagrado a Jehová, pues cada uno se ha consagrado en su hijo y en su hermano, para que él dé bendición hoy sobre vosotros.

—Éxodo 32:29

Santificaos, pues, y sed santos, porque yo Jehová soy vuestro Dios. Y guardad mis estatutos, y ponedlos por obra. Yo Jehová que os santifico.

—Levítico 20:7–8

Habéis, pues, de serme santos, porque yo Jehová soy santo, y os he apartado de los pueblos para que seáis míos.

—Levítico 20:26

Porque tú eres pueblo santo para Jehová tu Dios; Jehová tu Dios te ha escogido para serle un pueblo especial, más que todos los pueblos que están sobre la tierra.

—Deuteronomio 7:6

Mas vosotros sois linaje escogido, real sacerdocio, nación santa, pueblo adquirido por Dios, para que anunciéis las virtudes de aquel que os llamó de las tinieblas a su luz admirable.

—1 Pedro 2:9

Declaración

Dedicaré mi vida al servicio del Señor.

Me consagraré al Señor para que Él pueda bendecirme (Éxodo 32:39).

Como alguien que ha sido apartada, practicaré la presencia del Señor en mi vida a diario.

Me separaré del mundo y mejor dedicaré horas buscando al Señor y su presencia por medio de la oración.

Dios me apartará para su propósito divino.

Oración

Padre, dedico mi vida a ti. Someto mi voluntad a la tuya. Así como Jesús oró en Marcos 14:36, no se haga mi voluntad sino la tuya en mi vida. Mi deseo es vivir en obediencia total a tu voluntad. Señor, te pido que obres en mí para que quiera hacer lo que a ti te complace. Padre, te confío los detalles de mi vida. Tengo planes, pensamientos, ideas y visiones para mi vida, pero en este momento las pongo todas a tus pies. Papi, confío en ti. Creo que tú sabes lo que es mejor para mí. Quita cualquier relación, hábito o proyecto de mi vida que no sea parte de tu perfecta voluntad para mi vida. Me entrego completamente a ti. Te pertenezco.

SU TURNO

Use el espacio de abajo para escribir sus propias oraciones
y declaraciones:

_____

_____

_____

_____

_____

_____

_____

_____

_____

_____

_____

_____

_____

_____

_____

_____

_____

_____

ESPERE EN EL SEÑOR

ESCRITURAS

Aguarda a Jehová; esfuérzate, y aliéntese tu corazón; sí, espera a Jehová.

—SALMO 27:14

Esperé yo a Jehová, esperó mi alma; en su palabra he esperado. Mi alma espera a Jehová más que los centinelas a la mañana, más que los vigilantes a la mañana.

—SALMO 130:5–6

Pero los que esperan en el Señor renovarán sus fuerzas; se remontarán con alas como las águilas, correrán y no se cansarán, caminarán y no se fatigarán.

—ISAÍAS 40:31, LBLA

Por tanto, hermanos, tened paciencia hasta la venida del Señor. Mirad cómo el labrador espera el precioso fruto de la tierra, aguardando con paciencia hasta que reciba la lluvia temprana y la tardía. Tened también vosotros paciencia, y afirmad vuestros corazones; porque la venida del Señor se acerca.

—SANTIAGO 5:7–8

DECLARACIONES

Seré paciente y esperaré en el Señor.

Esperaré continuamente en Dios (vea Oseas 12:6).

Cada periodo de espera será un tiempo de renovación y refrescamiento para mí.

Aumentaré en fortaleza y paciencia mientras espero.

Estaré atenta al Señor con expectativa y esperanza mientras espero (vea Salmo 5:3).

Creo que veré la bondad del Señor, y seré fuerte mientras espero en Él (vea Salmo 27:13–14; 31:24).

ORACIÓN

Esperaré en ti, Jesús. Tú eres la fortaleza de mi vida. Señor, te pido que renueves mis fuerzas como las del águila. Deja que esta sea una temporada de refrescamiento y renovación en mi vida. Yo creo que tú das poder al débil y a quienes no tienen poder, les aumentas la fortaleza. Recibo el poder divino que me otorgas. Seré libre de todo desánimo y debilidad en mi vida. Declaro que soy fuerte en el Señor ¡y en el poder de su fuerza! ¡No me cansaré ni desmayaré! Alzaré mis ojos a las montañas de donde viene mi socorro. ¡Mi ayuda viene del Señor!

Su turno

Use el espacio de abajo para escribir sus propias oraciones y declaraciones:

_____

_____

_____

_____

_____

_____

_____

_____

_____

_____

_____

_____

_____

_____

_____

_____

_____

_____

CONFÍE EN DIOS

ESCRITURAS

En ti confiarán los que conocen tu nombre, por cuanto tú, oh Jehová, no desamparaste a los que te buscaron.

—SALMO 9:10

Esperad en él en todo tiempo, oh pueblos; derramad delante de él vuestro corazón; Dios es nuestro refugio.

—SALMO 62:8

Fíate de Jehová de todo tu corazón, y no te apoyes en tu propia prudencia. Reconócelo en todos tus caminos, y él enderezará tus veredas.

—PROVERBIOS 3:5–6

DECLARACIONES

Confiaré en el Señor y en sus planes y propósitos para mí (Proverbios 3:5–6).

Confiaré en el deseo de Dios para mí, aun si no lo entiendo.

Estaré dispuesta a relacionarme con Dios, confiando en Él, porque yo sé que puedo confiar en Él (Salmo 62:8).

Soy bendecida porque pongo mi confianza en el Señor (Jeremías 17:7).

Confiaré en el cuidado soberano del Señor sobre cada aspecto de mi vida.

Cuando tenga temor, confiaré en el Señor (Salmo 56:3).

Confío que el Señor me librará (2 Corintios 1:10).

ORACIÓN

Señor, tu Palabra dice que confíe en ti siempre (Salmo 62:8). Padre, te pido que me des la gracia para confiar. Muchas veces, confío en mis habilidades, mi razonamiento y entendimiento. Señor me arrepiento de mi pensamiento carnal. Me arrepiento de andar por vista en lugar de por fe. Me arrepiento de confiar en la fuerza humana. Me arrepiento de confiar en el hombre en vez de en tu amor por mí. Señor, de hoy en adelante, te reconozco en todos mis caminos y creo que tú dirigirás mis pasos. Permite que tu gracia venga sobre mí para comunicarme contigo. Deseo la intimidad que da vida contigo, Señor. Permite que tus palabras dirijan mi camino. Mientras te adoro, deja que tus palabras llenen mi mente, alma y espíritu. Gracias, Señor por la dirección, los frutos y las victorias que nacen de mi contacto constante contigo.

SU TURNO

Use el espacio de abajo para escribir sus propias oraciones y declaraciones:

_____

_____

_____

_____

_____

_____

_____

_____

_____

_____

_____

_____

_____

_____

_____

_____

_____

_____

_____

_____

_____

_____

_____

_____

_____

_____

SOMÉTASE A DIOS

ESCRITURAS

Someteos, pues, a Dios; resistid al diablo, y huirá de vosotros.

—SANTIAGO 4:7

Venga tu reino. Hágase tu voluntad, como en el cielo, así también en la tierra.

—MATEO 6:10

DECLARACIONES

Me someteré al Señor y a sus planes, tal como lo hizo Cristo (Lucas 22:42).

Me rendiré al llamado de Dios sobre mi vida y me someteré a Él.

Me humillaré para poder someterme al Señor y a su voluntad.

Deliberada e intencionalmente me someteré al Señor.

Me someteré al Señor entregándole mi vida y siendo un sacrificio, trabajando para su gloria, sirviendo a su pueblo y pasando tiempo en su Palabra, y amando a mi prójimo.

ORACIÓN

Padre, tu Palabra dice en Santiago 4:7: "Someteos, pues, a Dios; resistid al diablo, y huirá de vosotros". Me arrepiento de toda forma de rebeldía que ha estado operando en mi vida. Revela áreas de rebeldía en mi vida. Renuncio a los espíritus que no quieren aprender en mi vida. Renuncio a todos los demonios tenaces relacionados con Jezabel. Renuncio y me aparto de cualquier espíritu de terquedad y orgullo que opere en mi vida. Tu Palabra dice que la rebeldía es como el pecado de hechicería. Me desato de la rebeldía generacional que lleva a la brujería. Me desprendo de todos los espíritus de dureza de corazón. Me aparto de todos los espíritus de orgullo obstinado. Me humillo a mí misma bajo tu mano poderosa. Me someto a tu autoridad. Jesús, tú eres mi Señor y Rey. Permite que tu gobierno crezca y tu paz reine en mi vida.

SU TURNO

Use el espacio de abajo para escribir sus propias oraciones y declaraciones:

_____

_____

_____

_____

_____

_____

_____

_____

PELEE LA BATALLA POR MEDIO DE LA ADORACIÓN

ESCRITURAS

Luego Josafat se puso de acuerdo con el pueblo, y eligió a varios cantores para que marcharan al frente del ejército, y fueran cantando y alabando a Dios con el himno que dice: «Den gracias a Dios, porque él nunca deja de amarnos».

—2 CRÓNICAS 20:21, TLA

El que habita al abrigo del Altísimo morará a la sombra del Omnipotente.

—SALMO 91:1, LBLA

Ensalzamientos de Dios modularán en sus gargantas. Y espadas de dos filos habrá en sus manos; para hacer venganza de las gentes, y castigo en los pueblos; para aprisionar sus reyes en grillos, y sus nobles con cadenas de hierro; para ejecutar en ellos el juicio escrito: Gloria será esta para todos sus santos. Aleluya.

—SALMO 149:6–9, RVA

Jesús le contestó: Créeme, mujer, pronto llegará el tiempo cuando, para adorar a Dios, nadie tendrá que venir a este cerro ni ir a Jerusalén. Ustedes los samaritanos no saben a quién adoran. Pero nosotros los judíos sí sabemos a quién adoramos. Porque el salvador saldrá de los judíos. Dios es espíritu, y los que lo adoran, para que lo adoren como se debe, tienen que ser guiados por el Espíritu. Se acerca el tiempo en que los que adoran a Dios el Padre lo harán como se debe, guiados por el Espíritu, porque así es como el Padre quiere ser adorado. ¡Y ese tiempo ya ha llegado!

—JUAN 4:21–24, TLA

DECLARACIONES

Ser una adoradora apasionada del Señor me preparará para ser una guerrera; me preparará para mi destino en el Señor.

Llevaré una vida de adoración y alabanza que me abrirá paso a la presencia de Dios.

Adoraré al Señor en toda circunstancia, incluso, y especialmente, durante la batalla.

Cuando alabo y adoro, participo en la batalla espiritual contra mis enemigos.

ORACIÓN

Señor, en medio de mi prueba, te adoraré. Cuando no entiendo los "porqués" de la vida, aún diré que tú no tienes la culpa y que eres justo. Tú eres mi héroe. Eres fiel y auténtico. Los cimientos de tu trono son rectitud y justicia. Me visto con la coraza de justicia para evitar que mi corazón te acuse. Después de que haya hecho todo lo posible por mantenerme firme, permaneceré y levantaré mis manos para declarar que ¡Tú eres digno! Eres digno de recibir bendiciones y honor, ¡gloria y poder! Esta es mi batalla para bendecirte, Señor, en todo tiempo. ¡Tus alabanzas estarán continuamente en mi boca! Prosigo a tu presencia donde encontraré la paz que sobrepasa todo entendimiento.

SU TURNO

Use el espacio de abajo para escribir sus propias oraciones y declaraciones:

_____

_____

_____

_____

_____

_____

_____

_____

_____

_____

_____

_____

_____

_____

ORE Y AYUNE

ESCRITURAS

Entonces subieron todos los hijos de Israel, y todo el pueblo, y vinieron a la casa de Dios; y lloraron, y se sentaron allí en presencia de Jehová, y ayunaron aquel día hasta la noche; y ofrecieron holocaustos y ofrendas de paz delante de Jehová. Y los hijos de Israel preguntaron a Jehová...¿Volveremos aún a salir contra los hijos de Benjamín nuestros hermanos, para pelear, o desistiremos? Y Jehová dijo: Subid, porque mañana yo os los entregaré.

—JUECES 20:26–28

Afligí con ayuno mi alma, y mi oración se volvía a mi seno.

—SALMO 35:13

¿No es más bien el ayuno que yo escogí, desatar las ligaduras de impiedad, soltar las cargas de opresión, y dejar ir libres a los quebrantados, y que rompáis todo yugo?

—ISAÍAS 58:6

Pero este género no sale sino con oración y ayuno.

—MATEO 17:21

Mas el fin de todas las cosas se acerca; sed, pues, sobrios, y velad en oración.

—1 Pedro 4:7

Declaraciones

Tal como el ayuno fortaleció a Jesús para soportar la tentación, así sucederá conmigo (vea Lucas 4:14, 18).

Ayunaré y oraré para ablandar mi corazón y prepararlo para el arrepentimiento.

Se abrirá un nuevo camino en mi vida a través del ayuno y la oración (vea Esdras 8:21, 31).

Oraré sin cesar (vea 1 Tesalonicenses 5:17).

Oración

Padre, mientras me humillo en oración y ayuno, creo que tú romperás todo yugo de esclavitud en mi vida. Creo que, durante este tiempo de ayuno, las cosas en mi vida cambiarán para mejorar. Padre, creo que durante este tiempo de ayuno tendré acceso al espíritu de sabiduría y revelación. Señor, mi vida necesita dirección. Necesito respuestas a mis oraciones para poder aquietar mi alma con el ayuno y poder escuchar tu sabiduría. Mientras te hago preguntas específicas, creo que me darás instrucciones específicas. Despierta mis oídos espirituales para estuchar tu voz suave y apacible.

SU TURNO

Use el espacio de abajo para escribir sus propias oraciones
y declaraciones:

_____

_____

_____

_____

_____

_____

_____

_____

_____

_____

_____

_____

_____

_____

_____

_____

_____

_____

_____

GLORIFIQUE A DIOS

ESCRITURAS

No a nosotros, oh Jehová, no a nosotros, sino a tu nombre da gloria, por tu misericordia, por tu verdad.

—SALMO 115:1

Si, pues, coméis o bebéis, o hacéis otra cosa, hacedlo todo para la gloria de Dios.

—1 CORINTIOS 10:31

Señor, digno eres de recibir la gloria y la honra y el poder; porque tú creaste todas las cosas, y por tu voluntad existen y fueron creadas.

—APOCALIPSIS 4:11

DECLARACIONES

Mis manos, pies y boca fueron formados para ministrar y adorar al Señor. Fui creada para bendecirlo a Él y así es como usaré mi vida.

Declararé el valor del Señor sobre la tierra.

Solamente a Dios le daré la gloria.

Todo lo que hago, todo mi trabajo y mi tiempo recreativo serán para la gloria de Dios (vea 1 Corintios 10:31).

Dios es digno de recibir la gloria (vea Apocalipsis 4:11).

No hay nadie como el Señor.

ORACIONES

Señor, te doy toda la gloria que tu nombre merece. ¡Toda bendición, honra, gloria y poder sea sobre ti! ¡Señor, tú eres grande y digno de suprema alabanza! Tu grandeza es inescrutable. No hay nadie como tú. Te bendigo y engrandezco tu nombre. Eres maravilloso y tú haces milagros. ¡Deja que toda la creación se incline ante ti! ¡Declaro que eres digno! Eres digno de recibir honor. ¡Santo eres tú, Señor! Tú eres misericordioso, bondadoso y lento para la ira. Señor, eres bueno conmigo y te amo con todo mi corazón, alma y todo lo que conozco. Mi alma se regocija en ti. Sé exaltado en los cielos. Se magnificado en la tierra. El poder te pertenece, Dios, ¡tú gobiernas y reinas sobre la tierra! ¡Que tus caminos sean conocidos en la tierra y tu salvación entre las naciones!

Quiero verte exaltado y sublime. Señor, quiero conocerte. En tu presencia hay abundancia de gozo. Señor, muéstrame el camino de vida. Señor, mi alma tiene sed de ti. Ven, Espíritu Santo, y calma mi sed. Busco tu rostro. Anhelo ver tu poder y tu gloria. Quiero verte como Isaías te vio, alto y sublime (Isaías 6:1).

Dios, dame una revelación de ti. Quita las escamas de mis ojos. Anhelo ver a la humanidad desde tu perspectiva. Dirígeme y guíame. Quiero ser enviada desde tu presencia. Toma un carbón encendido de tu altar

31

celestial y límpiame de toda iniquidad y pecado que entorpezca mi llamado. Te lo pido en el nombre de Jesús. Amén.

SU TURNO

Use el espacio de abajo para escribir sus propias oraciones y declaraciones:

_____

_____

_____

_____

_____

_____

_____

_____

_____

_____

_____

_____

_____

_____

_____

_____

Parte II

TRANSFORMACIÓN INTERNA

S I RECUERDA LA historia de Ester, sabe que su recorrido hacia la grandeza e influencia no sucedió de la noche a la mañana. Ella no llegó al palacio un día e hizo que el rey se enamorara de ella y después la coronara como reina. Ella tuvo que soportar el proceso de embellecimiento ordenado por la cultura persa que incluía seis meses en aceite de mirra y seis meses en especias y ungüentos. Cada joven del harem tenía que pasar por este proceso antes de siquiera poder acercarse al rey.

Ester soportó un proceso físico de embellecimiento para prepararse para su deber como reina, de la misma manera, nosotros debemos atravesar un proceso espiritual de embellecimiento mientras Dios nos prepara para nuestro destino y propósito. El refinamiento de nuestro carácter es esencial para el plan que Dios tiene para nuestra vida. Dios no puede usar a una mujer (o un hombre) orgulloso. El proceso de preparación por el que Dios nos lleva presiona y purga todas las impurezas de nuestro corazón y espíritu; tales como: orgullo, rebeldía, egoísmo y amargura; a fin de que podamos ser maleables en las manos del Señor para seguir su dirección y cumplir nuestro propósito. No podemos ser un vaso eficaz si llevamos cargas que afectan nuestra capacidad para escuchar y obedecer a Dios.

Podemos tener influencia de largo alcance y un legado que abarque culturas y generaciones, al igual que Ester. Sin embargo, primero tenemos que someternos al proceso de embellecimiento y purificación del Espíritu Santo. Use las oraciones y declaraciones en esta sección para permitir que el Espíritu Santo la transforme de adentro hacia afuera. Este refinamiento nos limpiará a fondo de las cosas que nos impedirían ser la mujer que Dios nos ha llamado a ser e impregnarnos del carácter fragante de Dios. Cuando empecemos a mostrar auténticamente los atributos de una mujer de Dios, encontraremos favor para cumplir nuestra tarea. Encontraremos que el cetro está extendido, sin limitaciones, hacia nosotras en todo lugar al que vayamos.

PERSEVERE EN LA FE

Escrituras

Hubiera yo desmayado, si no creyese que veré la bondad de Jehová en la tierra de los vivientes.

—Salmo 27:13

Jesús les dijo: Por vuestra poca fe; porque de cierto os digo, que si tuviereis fe como un grano de mostaza, diréis a este monte: Pásate de aquí allá, y se pasará; y nada os será imposible.

—Mateo 17:20

Jesús le dijo: Si puedes creer, al que cree todo le es posible.

—Marcos 9:23

He peleado la buena batalla, he acabado la carrera, he guardado la fe.

—2 Timoteo 4:7

Hermanos míos, tened por sumo gozo cuando os halléis en diversas pruebas, sabiendo que la prueba de vuestra fe produce paciencia. Mas tenga la paciencia su obra completa, para que seáis perfectos y cabales, sin que os falte cosa alguna.

—Santiago 1:2–4

Declaraciones

No me desanimaré ni me amargaré; mejor perseveraré y veré la bondad del Señor.

Al perseverar en la fe, tengo esperanza para mi futuro.

Aun en la incertidumbre, confiaré en el Padre.

Soy una mujer de fe; me afianzo en las promesas de Dios y confío en su Palabra.

Ando por fe y no por vista.

Creo que Dios cumplirá mi destino.

Rindo mi voluntad a Él y Él perfeccionará todo lo que a mí concierne (Salmo 138:8).

Soy justicia de Dios a través de Jesucristo. Vivo por fe.

Buscaré al Autor de mi vida para recibir dirección y guía, confiando que Él sabe lo que es mejor.

Seré fiel con lo que Dios diga hoy.

Confiaré al Señor todo mi futuro.

Oración

Padre, creo que tú me amas y tendrás cuidado de mí tal como lo prometiste en tu Palabra. Levanto mis ojos de fe y espero en ti, el Autor de mi vida. Te entrego mis preocupaciones pues tú tienes cuidado de mí. Creo que tú estarás presente y tendrás cuidado de mí. Estoy segura de que no me abandonarás. Confío en tus planes para darme el futuro que espero. Señor, llena mi mente con tus pensamientos por mí. Me pongo el casco de la esperanza. Acallo la voz de la desesperación. Deja que mi mente y corazón sean llenos con tus pensamientos preciosos para mi vida.

SU TURNO

Use el espacio de abajo para escribir sus propias oraciones y declaraciones:

_____

_____

_____

_____

_____

_____

_____

_____

_____

_____

_____

_____

_____

_____

BUSQUE LA ESPERANZA

ESCRITURAS

¿Por qué te abates, oh alma mía, y te turbas dentro de mí? Espera en Dios; porque aún he de alabarle, salvación mía y Dios mío. Dios mío, mi alma está abatida en mí; Me acordaré, por tanto, de ti desde la tierra del Jordán, y de los hermonitas, desde el monte de Mizar. Un abismo llama a otro a la voz de tus cascadas; Todas tus ondas y tus olas han pasado sobre mí. Pero de día mandará Jehová su misericordia, y de noche su cántico estará conmigo, y mi oración al Dios de mi vida.

—SALMO 42:5–8

Mas yo esperaré siempre, y te alabaré más y más.

—SALMO 71:14

Espere Israel a Jehová, porque en Jehová hay misericordia, y abundante redención con él.

—SALMO 130:7

Bendito el varón que confía en Jehová, y cuya confianza es Jehová.

—JEREMÍAS 17:7

Cuando se cumpla ese tiempo, les prometo que los haré volver a Jerusalén. Mis planes para ustedes solamente yo los sé, y no son para su mal, sino para su bien. Voy a darles un futuro lleno de bienestar.

—JEREMÍAS 29:10–11, TLA

Y sabemos que a los que aman a Dios, todas las cosas les ayudan a bien, esto es, a los que conforme a su propósito son llamados.

—Romanos 8:28

Gozosos en la esperanza; sufridos en la tribulación; constantes en la oración.

—Romanos 12:12

Andemos como de día, honestamente; no en glotonerías y borracheras, no en lujurias y lascivias, no en contiendas y envidia.

—Romanos 15:13

A fin de que por dos cosas inmutables, en las cuales es imposible que Dios mienta, los que hemos buscado refugio seamos grandemente animados para asirnos de la esperanza puesta delante de nosotros, la cual tenemos como ancla del alma, una esperanza segura y firme, y que penetra hasta detrás del velo.

—Hebreos 6:18–19, lbla

Por eso, con la mente preparada para actuar y siendo sobrios, pongan su esperanza completamente en la gracia que les es traída en la revelación de Jesucristo.

—1 Pedro 1:13, rva2015

DECLARACIONES

La esperanza de Cristo es el ancla de mi alma.

Dios hace que todo obre para mi bien.

El poder de Dios está disponible para ayudarme a vencer las situaciones sin esperanza.

Rompo el yugo del espíritu de la desesperanza en mi vida en el nombre de Jesús.

Elijo creer que veré la bondad del Señor en la tierra de los vivos (Salmo 27:13).

Elijo tener esperanza aun en medio de las situaciones difíciles de la vida.

Soy vencedora.

Me regocijaré en la esperanza.

Seré paciente en las pruebas.

Continuaré orando sin descanso al Dios de mi salvación.

ORACIONES

Dios de la esperanza, lléname con todo gozo y paz. Confío en ti con todo mi corazón, no me apoyo en mi propio entendimiento. Creo que abundaré en la esperanza por el poder del Espíritu Santo. Rechazo todo sentimiento de esperanza aplazada. No permitiré que mi corazón esté apesadumbrado o deprimido. Por fe, alzaré mi voz y te alabaré. Creo que mis deseos serán cumplidos con el correr del tiempo. Seré fuerte y tendré ánimo porque he puesto mi esperanza en ti, Señor.

Señor, tú estás cerca de los quebrantados de corazón y salvas a aquellos que tienen el espíritu dolido. Admito que estoy decepcionada. Vengo ante tu trono valientemente, sin reservas ni dudas, para obtener misericordia y encontrar la gracia que me ayude en tiempos de necesidad. Necesito que tu gracia continúe. Que tu presencia me envuelva. Sé tú mi escudo y mi máxima recompensa. Creo en tu salvación, en tu poder libertador. Eres mi Salvador y me rescatarás.

No permitiré que el enemigo se robe mis expectativas. Estoy segura de que hay un futuro para mí, así que mi expectativa no será eliminada. No me conformaré con menos de lo que tú me has prometido. Me apropio de la esperanza que está delante de mí. Confío en el Señor con todo mi corazón y no me apoyo en mi propio entendimiento. No permitiré que mi expectativa sea cortada por el temor, la duda, la incredulidad o el tiempo.

Señor, ¡mi esperanza está en ti! Tú eres mi Señor, mi fortaleza y la esperanza de mi salvación. Confío en tu Palabra. Soy bendecida y altamente favorecida. Tu bandera sobre mí es amor. Corro a tu presencia y estoy a salvo.

Padre, esperaré en ti. Viviré rectamente y te serviré con el aceite de la alegría. Declaro que toda conspiración y plan malvado contra mi vida será eliminado. Cancelo toda asignación diabólica contra mi vida. Alabaré tu santo nombre para siempre. Participo de tus misericordias, que son nuevas cada mañana. Tu amor nunca falla, y tu misericordia dura para siempre.

Soy bendecida porque he puesto mi confianza en el Señor. No confiaré en la fuerza del hombre porque mi esperanza, expectativa y confianza están en ti, mi Señor. No permitiré que mi esperanza sea quitada. Esperaré continuamente en ti.

Te agradezco, Señor, que en tu corazón hay misericordia y gracia para mí. Te bendeciré y alabaré continuamente. Tu Palabra es verdad. Tú no puedes mentir. Tú cumplirás el deseo de todo lo que vive. Señor, gracias porque abres tu mano y satisfaces mi deseo.

Señor, hay momentos en que siento no tener esperanza. Ayúdame a aferrarme a mi confianza en ti. Señor, dame la gracia que necesito para perseverar ante la derrota.

Padre, ya que tú no puedes mentir, me apropio de la esperanza frente a mí. Encuentro refugio y ánimo fuerte en tu presencia, y descubro una fortaleza interior para aferrarme a la esperanza ante mí por medio de la oración y la alabanza.

Creo en tu Palabra. Te agradezco, Señor, que no eres como el hombre. Tú no puedes mentir. Tú eres un Dios íntegro. Tú harás que cada palabra, cada promesa, se cumpla en mi vida. Confío en tu amor y en tu carácter.

Tus palabras son un ancla para mi alma. Tú eres mi refugio y mi fortaleza. Corro a ti y estoy a salvo. Tengo una expectativa que no puede ser perturbada. No importa lo que la vida trate de poner en mi camino, tú eres mi ancla. Tu Palabra me mantiene firme, inamovible y abundando en tu amor. Esperaré en ti y en el cumplimiento de tus palabras.

SU TURNO

Use el espacio de abajo para escribir sus propias oraciones y declaraciones:

_____

_____

_____

_____

_____

_____

_____

_____

AME

ESCRITURAS

Pero tú, Señor, eres Dios tierno y compasivo, paciente, todo amor y verdad.

—SALMO 86:15, DHH

Yo amo a los que me aman, y me hallan los que temprano me buscan.

—PROVERBIOS 8:17

Porque de tal manera amó Dios al mundo, que ha dado a su Hijo unigénito, para que todo aquel que en él cree, no se pierda, mas tenga vida eterna.

—JUAN 3:16

Si yo hablase lenguas humanas y angélicas, y no tengo amor, vengo a ser como metal que resuena, o címbalo que retiñe. Y si tuviese profecía, y entendiese todos los misterios y toda ciencia, y si tuviese toda la fe, de tal manera que trasladase los montes, y no tengo amor, nada soy. Y si repartiese todos mis bienes para dar de comer a los pobres, y si entregase mi cuerpo para ser quemado, y no tengo amor, de nada me sirve. El amor es sufrido, es benigno; el amor no tiene envidia, el amor no es jactancioso, no se envanece; no hace nada indebido, no busca lo suyo, no se irrita, no guarda rencor; no se goza de la injusticia, mas se goza de la verdad. Todo lo sufre, todo lo cree, todo lo espera, todo lo soporta. El amor nunca deja de ser; pero las profecías se acabarán, y cesarán las lenguas, y la ciencia acabará. Porque en parte conocemos, y en parte profetizamos; mas cuando venga lo perfecto, entonces lo que es en parte se acabará. Cuando yo era niño, hablaba como niño, pensaba como niño, juzgaba como niño; mas cuando ya fui hombre, dejé lo que era de niño. Ahora vemos por espejo, oscuramente; mas entonces veremos cara a cara. Ahora conozco en parte; pero entonces conoceré como fui conocido. Y ahora permanecen la fe, la esperanza y el amor, estos tres; pero el mayor de ellos es el amor.

—1 Corintios 13

Dios es amor.

—1 Juan 4:8

Declaraciones

El amor del Señor por mí me transformará de adentro hacia afuera.

El Señor ama con un amor perfecto; procuraré amar a los demás con ese mismo tipo de amor.

Ya que Dios me amó primero, yo lo amo a Él (1 Juan 4:19–21).

Dios es amor, y conocer el amor es conocerlo a Él (1 Juan 4:8).

El amor inalterable del Señor es bueno; adoraré al Señor por siempre.

ORACIÓN

Señor, creo que tu amor nunca falla. Recibo tu amor perfecto para mí. Declaro que ese amor habita en mi corazón. El amor perfecto echa fuera todo temor. No temeré a los enemigos de mi alma, porque tú estás conmigo. Creo que nada puede separarme de tu amor. Estoy totalmente convencida de que ni la muerte ni la vida ni ángeles ni principados, ni poderes ni lo presente ni lo por venir puede separarme de tu amor.

SU TURNO

Use el espacio de abajo para escribir sus propias oraciones y declaraciones:

_____

_____

_____

_____

_____

_____

_____

_____

_____

_____

BUSQUE SABIDURÍA

ESCRITURAS

La boca del justo habla sabiduría, y su lengua habla justicia.

—SALMO 37:30

¿No clama la sabiduría, y levanta su voz la prudencia? En la cima de las alturas, junto al camino, donde cruzan las sendas, se coloca; junto a las puertas, a la salida de la ciudad, en el umbral de las puertas, da voces: Oh hombres, a vosotros clamo, para los hijos de los hombres es mi voz. Oh simples, aprended prudencia; y vosotros, necios, aprended sabiduría. Escuchad, porque hablaré cosas excelentes, y con el abrir de mis labios rectitud. Porque mi boca proferirá la verdad, abominación a mis labios es la impiedad. Conforme a la justicia son todas las palabras de mi boca, no hay en ellas nada torcido ni perverso. Todas son sinceras para el que entiende, y rectas para los que han hallado conocimiento. Recibid mi instrucción y no la plata, y conocimiento antes que el oro escogido; porque mejor es la sabiduría que las joyas, y todas las cosas deseables no pueden compararse con ella. Yo, la sabiduría, habito con la prudencia, y he hallado conocimiento y discreción. El temor del Señor es aborrecer el mal. El orgullo, la arrogancia, el mal camino y la boca perversa, yo aborrezco. Mío es el consejo y la prudencia, yo soy

47

la inteligencia, el poder es mío. Por mí reinan los reyes, y los gobernantes decretan justicia.

—Proverbios 8:1–15, lbla

Mas el Consolador, el Espíritu Santo, a quien el Padre enviará en mi nombre, él os enseñará todas las cosas, y os recordará todo lo que yo os he dicho.

—Juan 14:26

Pero cuando venga el Espíritu de verdad, él os guiará a toda la verdad; porque no hablará por su propia cuenta, sino que hablará todo lo que oyere, y os hará saber las cosas que habrán de venir.

—Juan 16:13

Para que sean consolados sus corazones, unidos en amor, hasta alcanzar todas las riquezas de pleno entendimiento, a fin de conocer el misterio de Dios el Padre, y de Cristo, en quien están escondidos todos los tesoros de la sabiduría y del conocimiento.

—Colosenses 2:1–3

Y si alguno de vosotros tiene falta de sabiduría, pídala a Dios, el cual da a todos abundantemente y sin reproche, y le será dada.

—Santiago 1:5

Pero la sabiduría que es de lo alto es primeramente pura, después pacífica, amable, benigna, llena de misericordia y de buenos frutos, sin incertidumbre ni hipocresía.

—Santiago 3:17

Declaraciones

Buscaré la sabiduría del Señor, que está llena de misericordia y frutos buenos.

Buscaré la misericordia del Señor, y Él proveerá.

Dios proveerá su sabiduría para que yo pueda superar las épocas sin esperanza de la vida.

La sabiduría y la revelación son mi porción.

La sabiduría se halla en mis labios.

Pronunciaré palabras de sabiduría.

El Señor proveerá sabiduría sobrenatural cuando yo la pida.

El Espíritu me dará sabiduría en las áreas ocultas de mi corazón (vea Salmo 139:23–24).

El Señor proveerá tanto palabras de sabiduría como dirección sabia para ayudarme a ir tras su voluntad para mi vida.

Estaré armada con sabiduría.

Buscaré el consejo sabio, pues allí hay seguridad (Proverbios 15:22).

Oración

Señor, te pido el don de la palabra de sabiduría. Quiero ser una mujer sabia, que responde a las situaciones bajo tu dirección divina. Permíteme tener una perspectiva sobrenatural para cumplir tu voluntad en cada situación. Dame palabras de sabiduría para aplicar el conocimiento que me da tu Espíritu.

Señor, te pido que me des sabiduría para juzgar con justicia a tu pueblo. Deja que mi corazón perciba y comprenda tus caminos. No permitas que sea engañada por la gente astuta y malvada. Espíritu Santo, te pido que me guíes a toda verdad. (Vea 1 Reyes 4:29–30; Juan 14:26; 16:13).

Señor, derrama tu sabiduría sobre mí. Pon tus palabras en mi boca. Permite que mi corazón sea lleno de sabiduría. Señor, desata sobre mí una unción sobrenatural de sabiduría. Permite que venga un despertar sobrenatural a la sabiduría —esa dimensión sobrenatural para conocer cosas que no las sabría en mis propias fuerzas— para saber el cuándo, el cómo, el porqué y el qué.

Dame sabiduría para influenciar a las naciones. Libera sobre mí la sabiduría sobrenatural por la que el apóstol Pablo oró. Deja que los sueños y las visiones empiecen a moverse en mi vientre. Permite que tenga pensamientos que nunca había tenido. La sabiduría está a la puerta diciéndome y ordenándome que clame por discernimiento. Dios, dame discernimiento en las finanzas. Dios, permíteme empezar a entender el sistema económico como nunca antes.

Ábreme tu corazón, Padre. Recibo tu unción sobrenatural del espíritu de sabiduría para que entre en mi vida. Sé que la sabiduría es uno de los siete espíritus que conforman al Espíritu Santo en el que Jesús anduvo y que hizo que Él pudiera juzgar a las naciones.

Libera esa sabiduría sobre mí ahora, en el nombre de Jesús. Amén.

SU TURNO

Use el espacio de abajo para escribir sus propias oraciones y declaraciones:

_____

_____

_____

_____

_____

_____

_____

_____

_____

_____

_____

_____

_____

_____

_____

_____

_____

PERDONE Y BUSQUE PERDÓN

ESCRITURAS

Soportándoos unos a otros, y perdonándoos unos a otros si alguno tuviere queja contra otro. De la manera que Cristo os perdonó, así también hacedlo vosotros.

—COLOSENSES 3:13

Porque si perdonáis a los hombres sus ofensas, os perdonará también a vosotros vuestro Padre celestial; mas si no perdonáis a los hombres sus ofensas, tampoco vuestro Padre os perdonará vuestras ofensas.

—MATEO 6:14–15

Entonces se le acercó Pedro y le dijo: Señor, ¿cuántas veces perdonaré a mi hermano que peque contra mí? ¿Hasta siete? Jesús le dijo: No te digo hasta siete, sino aun hasta setenta veces siete.

—MATEO 18:21–22

Si confesamos nuestros pecados, él es fiel y justo para perdonar nuestros pecados, y limpiarnos de toda maldad.

—1 JUAN 1:9

Venid luego, dice Jehová, y estemos a cuenta: si vuestros pecados fueren como la grana, como la nieve serán emblanquecidos; si fueren rojos como el carmesí, vendrán a ser como blanca lana.

—ISAÍAS 1:18

Y nunca más me acordaré de sus pecados y transgresiones.

—Hebreos 10:17

Declaraciones

Perdonaré, así como el Señor me ha perdonado, y lo haré una y otra vez.

El Señor me perdonará si vuelvo a Él y me arrepiento.

Dios no recordará mis pecados; yo también procuraré perdonarme a mí misma por ellos.

Oración

Espíritu Santo, reconozco que me han lastimado. Elijo perdonar y liberar a aquellos que me han decepcionado y que han abusado de mí. Perdono a aquellos en autoridad. Perdono a mis padres. Perdono a mi pastor. Perdono a mi esposo. Me perdono a mí misma. Confieso el pecado de amargura y enojo. Deja que el poder de tu sangre me limpie. Le doy amor y paz a mis ofensores. Crea en mí un corazón limpio y renueva en mí un espíritu recto.

Su turno

Use el espacio de abajo para escribir sus propias oraciones y declaraciones:

_____

_____

_____

ENCUENTRE LA PAZ

ESCRITURAS

Jehová dará poder a su pueblo; Jehová bendecirá a su pueblo con paz.

—SALMO 29:11

Engaño hay en el corazón de los que piensan el mal; pero alegría en el de los que piensan el bien.

—PROVERBIOS 12:20

Si es posible, en cuanto dependa de vosotros, estad en paz con todos los hombres.

—ROMANOS 12:18

Y la paz de Dios gobierne en vuestros corazones, a la que asimismo fuisteis llamados en un solo cuerpo; y sed agradecidos.

—COLOSENSES 3:15

Y el fruto de justicia se siembra en paz para aquellos que hacen la paz.

—SANTIAGO 3:18

Echando toda vuestra ansiedad sobre él, porque él tiene cuidado de vosotros.

—1 PEDRO 5:7

DECLARACIONES

Procuraré vivir en la paz del Señor.

El Señor me bendecirá con su paz (Salmo 29:11).

Haré todo lo posible por vivir en paz con todas las personas (Romanos 12:18).

ORACIÓN

Señor, creo que tu cambiarás mis cenizas por belleza. Recibo fuerzas en vez de temor por el futuro. Señor, gracias por saturar mi corazón con el aceite de la alegría. Elijo ponerme el manto de alabanza en lugar del espíritu de luto y melancolía. Tu presencia trae paz a mi alma.

Jesús, tú eres el Príncipe de paz. Yo hablo paz a toda tormenta enfurecida que haya en mi vida. Le hablo a la tormenta del temor. Le hablo paz a las tormentas de confusión. Le hablo a mi corazón y mi mente. Deja que la paz que sobrepasa todo razonamiento y entendimiento fluya en mi mente. Dios de paz, aplasta a Satanás bajo mis pies. Echo fuera toda imaginación y todo pensamiento altivo que se exalte contra el conocimiento de Dios. Me arrepiento de mis imaginaciones perversas. Recibo la paz y el gozo del Señor. La preocupación, el temor o la ansiedad no me dominarán. Declaro que el Dios de paz gobierna mi vida. El Dios de paz gobierna en mi corazón. Deja que el reino de Dios venga a mi vida. Que la justicia, la paz y el gozo llenen mi vida.

SU TURNO

Use el espacio de abajo para escribir sus propias oraciones
y declaraciones:

_____

_____

_____

_____

_____

_____

_____

_____

_____

_____

_____

_____

_____

_____

_____

_____

_____

_____

_____

HUMÍLLESE A SÍ MISMA

ESCRITURAS

Si se humillare mi pueblo, sobre el cual mi nombre es invocado, y oraren, y buscaren mi rostro, y se convirtieren de sus malos caminos; entonces yo oiré desde los cielos, y perdonaré sus pecados, y sanaré su tierra.

—2 CRÓNICAS 7:14

Concede su favor a los humildes.

—PROVERBIOS 3:34, BLP

Cuando viene la soberbia, viene también la deshonra; mas con los humildes está la sabiduría.

—PROVERBIOS 11:2

Nada hagáis por contienda o por vanagloria; antes bien con humildad, estimando cada uno a los demás como superiores a él mismo.

—FILIPENSES 2:3

Dios resiste a los soberbios, y da gracia a los humildes.

—SANTIAGO 4:6

DECLARACIONES

Viviré en humildad y buscaré el rostro del Señor; luego, Él nos perdonará nuestros pecados y sanará nuestra tierra.

Decido pensar más alto de los demás que de mí misma.

Tendré un espíritu humilde, lleno de gracia y enseñable.

Puedo humillarme a mí misma ante Dios para recibir su favor (vea Lucas 15:11–32).

Desarrollaré humildad.

Las mujeres humildes serán colaboradoras con Cristo.

ORACIÓN

Padre, nos humillamos bajo tu poderosa mano. Nos arrepentimos del orgullo, arrogancia, vanagloria y altivez. Nos volvemos de nuestros malos caminos y nos acercamos a ti. Buscamos tu rostro por sabiduría en instrucción. Te pedimos que sanes nuestra tierra. Sana nuestra cultura. Líbranos del racismo y del odio. Deja que el espíritu de perdón y reconciliación llene nuestro corazón. Permite que tu paz regrese a nuestra nación. En el nombre de Jesús. Amén.

SU TURNO

Use el espacio de abajo para escribir sus propias oraciones y declaraciones:

_____

_____

_____

_____

_____

_____

SEA SANTA

ESCRITURAS

Porque yo soy Jehová vuestro Dios; vosotros por tanto os santificaréis, y seréis santos, porque yo soy santo; así que no contaminéis vuestras personas con ningún animal que se arrastre sobre la tierra.

—LEVÍTICO 11:44

¿Con qué limpiará el joven su camino? Con guardar tu palabra.

—SALMO 119:9

Así que, amados, puesto que tenemos tales promesas, limpiémonos de toda contaminación de carne y de espíritu, perfeccionando la santidad en el temor de Dios.

—2 CORINTIOS 7:1

Sino, como aquel que os llamó es santo, sed también vosotros santos en toda vuestra manera de vivir; porque escrito está: Sed santos, porque yo soy santo.

—1 PEDRO 1:15–16

DECLARACIONES

Volveré a comprometerme con la santidad y pureza radical para abstenerme del mal y buscar la rectitud.

Elijo ser una mujer de santidad.

Dios no me ha llamado a la impureza, sino a la santidad (vea 1 Tesalonicenses 4:7).

Pondré mi atención en las cosas que son verdaderas y puras (vea Filipenses 4:8).

Porque el Señor es santo, yo seré santa.

ORACIÓN

Señor, necesitamos un gran avivamiento. Permite que el temor santo del Señor vuelva a la iglesia. Padre, haz que esta generación vuelva a tus caminos. Deja que la santidad y la rectitud sean honradas en la iglesia nuevamente. Permite que haya un incremento de la conciencia de tu presencia, Dios, y un nuevo apetito por la justicia. Deseo ver tu gloria cubrir la tierra como las aguas cubren el mar. Que tu presencia manifiesta vuelva a la tierra. Permite que haya un avivamiento en mi país. Que el reino de Dios entre con poder. Permite que los milagros, señales y maravillas sean desatados en mi ciudad.

Oro por nuestros líderes: permite que lleven una vida de santidad y rectitud; deja que sean hombres y mujeres justos; permite que lleven el verdadero yugo del Señor. Deja que el espíritu de valentía venga sobre los líderes para que hablen tu Palabra. Rechazo el espíritu de temor sobre mi líder. Que los líderes sean valientes y proclamen el evangelio como deben hacerlo. Libero valentía. Libero revelación y sabiduría del Espíritu Santo.

Deja que el poder del Espíritu Santo faculte a los líderes para predicar y que las señales y maravillas les sigan. Permíteles recibir expresiones celestiales para dar a conocer los misterios del evangelio. Permite que los líderes de esta generación se levanten para ser los embajadores de Cristo.

SU TURNO

Use el espacio de abajo para escribir sus propias oraciones y declaraciones:

_____

_____

_____

_____

_____

_____

_____

_____

_____

_____

_____

_____

_____

_____

RECIBA FORTALEZA INTERIOR

ESCRITURAS

Dios es nuestro amparo y fortaleza, nuestro pronto auxilio en las tribulaciones.

—SALMO 46:1

Pero los que esperan a Jehová tendrán nuevas fuerzas; levantarán alas como las águilas; correrán, y no se cansarán; caminarán, y no se fatigarán.

—ISAÍAS 40:31

Que os conceda, conforme a las riquezas de su gloria, ser fortalecidos con poder por su Espíritu en el hombre interior.

—EFESIOS 3:16, LBLA

Todo lo puedo en Cristo que me fortalece.

—FILIPENSES 4:13

DECLARACIONES

El Señor hará que esté consciente de mi fortaleza interna y que alcance mi máximo potencial.

Le pido a Dios fortaleza y valentía (vea Mateo 7:11).

El Señor me proveerá fortaleza para perseverar ante la adversidad.

En la presencia del Señor hallaré fortaleza (Salmo 46:1). En la presencia del Señor hay paz, seguridad y plenitud de gozo.

Todo lo puedo en Cristo que me fortalece porque Él me da fuerzas (Filipenses 4:13)

ORACIÓN

Soy fuerte en el Señor y en el poder de su fuerza. Padre, fortaléceme en lo más profundo de mi ser con tu poder. Señor, tú restauras mi alma diariamente. Señor, te pido que me llenes con el conocimiento de tu bondad en toda sabiduría y entendimiento espiritual para que pueda ser digna de ti y complacerte completamente. Fortaléceme con tu fuerza, según tu poder glorioso. Dame paciencia y longanimidad con llenura de gozo. Señor, quiero ser fructífera en toda buena obra y crecer en el conocimiento del Santísimo.

SU TURNO

Use el espacio de abajo para escribir sus propias oraciones y declaraciones:

_____

_____

_____

_____

_____

_____

_____

VIVA CONFIADAMENTE

ESCRITURAS

Bendito el varón que confía en Jehová, y cuya confianza es Jehová.

—JEREMÍAS 17:7

Todo lo puedo en Cristo que me fortalece.

—FILIPENSES 4:13

No perdáis, pues, vuestra confianza, que tiene grande galardón.

—HEBREOS 10:35

Y esta es la confianza que tenemos en él, que si pedimos alguna cosa conforme a su voluntad, él nos oye.

—1 JUAN 5:14

DECLARACIONES

Avanzaré según el Señor me indique, aunque no conozca todos los detalles.

Confiar es una elección; buscaré confianza bíblica hoy.

El Señor bendice a aquellos que encuentran su confianza en Él (Jeremías 17:7).

La confianza bíblica traerá resistencia, constancia y consistencia.

Viviré de la confianza que se basa en mi dependencia y creencia en Dios.

A causa de Cristo, puedo acercarme confiadamente a Dios por medio de la fe (Efesios 3:12).

Usaré los dones que Dios me dio y dejaré que mis triunfos con esos dones incrementen mi confianza.

Así como Rut y Noemí, yo seré una mujer de acción.

A medida que el Señor las ponga delante de mí, tomaré decisiones confiada y firmemente.

Puedo acercarme al trono de Dios confiadamente (Hebreos 4:16), y eso me ayudará a vivir con confianza.

La confianza se trata de depender de Dios, así que continuaré creyendo en Él.

Es mejor creer en el Señor que poner la confianza en el hombre (Salmo 118:8).

Es mejor creer en el Señor que poner la confianza en príncipes (Salmo 118:9).

Señor, tú eres mi confianza. Tú guardarás mi pie de ser apresado (Proverbios 3:26).

Encontraré refugio en el Señor, y en el temor del Señor encuentro confianza fuerte (Proverbios 14:26).

Padre, declaro que tú eres el Dios de mi salvación y la esperanza de todos los términos de la tierra, y de los más remotos confines del mar (Salmo 65:5).

ORACIÓN

Señor, tú eres mi luz y mi salvación. No temeré. Pondré mi confianza en tu amor por mí. Soy fuerte en el Señor y en el poder de su fuerza. El hombre no me intimidará porque he encontrado al verdadero Dios vivo. No desecharé mi confianza porque tiene gran recompensa. Mi mayor deseo es estar dentro de tu voluntad. Mi mayor confianza se encuentra en tu voluntad. Tú eres quien sostiene mi vida.

SU TURNO

Use el espacio de abajo para escribir sus propias oraciones y declaraciones:

_____

_____

_____

_____

_____

_____

_____

_____

_____

_____

VUÉLVASE VALIENTE

ESCRITURAS

Mira que te mando que te esfuerces y seas valiente; no temas ni desmayes, porque Jehová tu Dios estará contigo en dondequiera que vayas.

—JOSUÉ 1:9

El día que clamé, me respondiste; me fortaleciste con vigor en mi alma.

—SALMO 138:3

Mas el justo está confiado como un león.

—PROVERBIOS 28:1

El Espíritu del Señor está sobre mí, por cuanto me ha ungido para dar buenas nuevas a los pobres; me ha enviado a sanar a los quebrantados de corazón; a pregonar libertad a los cautivos, y vista a los ciegos; a poner en libertad a los oprimidos; a predicar el año agradable del Señor.

—LUCAS 4:18–19

Y ahora, Señor, mira sus amenazas, y concede a tus siervos que con todo denuedo hablen tu palabra, mientras extiendes tu mano para que se hagan sanidades y señales y prodigios mediante el nombre de tu santo Hijo Jesús. Cuando hubieron orado, el lugar en que estaban congregados tembló; y todos fueron llenos del

Espíritu Santo, y hablaban con denuedo la palabra de Dios.

—Hechos 4:29–31

Así que, teniendo tal esperanza, usamos de mucha franqueza.

—2 Corintios 3:12

Declaraciones

Viviré con audacia y valentía porque el Señor está conmigo (Josué 1:9).

A causa de la esperanza de Cristo, hablaré con valentía declarando el evangelio (2 Corintios 3:12).

Defenderé la verdad con valentía.

El Señor me concederá una valentía santa para hablar su palabra (vea Hechos 4:29).

Los poderes de las tinieblas serán destrozados cuando yo pronuncie valientemente declaraciones proféticas.

Permaneceré valientemente en el llamado de Dios.

Yo declaro: que haya un gran despertar en mi alma. Que el fuego del Espíritu Santo me consuma. Abrazo la valentía de la leona.

Oración

Ahora, Señor, mira las amenazas del enemigo y concédeme el espíritu de valentía para que pueda predicar tu Palabra con milagros, señales y maravillas. Alarga tu mano poderosa sobre mi vida; dame las palabras adecuadas en el momento preciso. Creo y confío en ti. Señor, dame el valor para confrontar en amor a aquellos que se oponen a tu Palabra.

Declaro que no tengo temor y que soy una mujer de Dios valiente. Responderé al llamado de ser un instrumento de cambio en la tierra. Responderé en la crisis. Proclamaré valientemente el evangelio. En la crisis moral, defenderé valientemente la verdad. Las leyes de la tierra no me amordazarán. Abriré mi boca ampliamente y tú la llenarás.

Dios, dame tu visión para mi asignación. Dame tu perspectiva para que pueda ser tu voz en la tierra. Me opondré a la injusticia. Yo soy la justicia de Dios, y soy valiente como el león. No tengo temor frente al peligro. Predicaré la Palabra. Iré a donde sea que me envíes. En el nombre de Jesús. Amén.

SU TURNO

Use el espacio de abajo para escribir sus propias oraciones y declaraciones:

_____

_____

_____

_____

_____

ENCUENTRE SU MISIÓN DIVINA

ESCRITURAS

No pienses que estando en el palacio del rey sólo tú escaparás entre todos los judíos. Porque si permaneces callada en este tiempo, alivio y liberación vendrán de otro lugar para los judíos, pero tú y la casa de tu padre pereceréis. ¿Y quién sabe si para una ocasión como ésta tú habrás llegado a ser reina?

—ESTER 4:13–14, LBLA

Y si perezco, que perezca.

—ESTER 4:16

Jehová cumplirá su propósito en mí; tu misericordia, oh Jehová, es para siempre; no desampares la obra de tus manos.

—SALMO 138:8

El fin de todo el discurso oído es este: Teme a Dios, y guarda sus mandamientos; porque esto es el todo del hombre.

—ECLESIASTÉS 12:13

Porque yo sé los pensamientos que tengo acerca de vosotros, dice Jehová, pensamientos de paz, y no de mal, para daros el fin que esperáis.

—JEREMÍAS 29:11

Si, pues, coméis o bebéis, o hacéis otra cosa, hacedlo todo para la gloria de Dios.

—1 CORINTIOS 10:31

Porque somos hechura suya, creados en Cristo Jesús para buenas obras, las cuales Dios preparó de antemano para que anduviésemos en ellas.

—EFESIOS 2:10

DECLARACIONES

Dios me está haciendo consciente de un propósito más grande que yo. Me llama a salir de una existencia mundana para ir a un lugar de importancia y plenitud.

Me levantaré de mi reposo y mi sueño.

Me levantaré de mi complacencia e indiferencia.

Soy una miembro activa del ejército del Señor.

Me involucraré en la cultura con mi oración y acciones.

Desato confusión en todo plan y conspiración demoniaca para mantenerme callada.

Me levantaré y dejaré que mi voz se escuche.

Predicaré tu Palabra.

Animaré a la próxima generación de mujeres de Dios.

Que cada don, talento y unción adormecida sea despertada dentro de mí.

Que toda idea dada por Dios sea despertada, activada, cultivada e implementada para el crecimiento del reino.

Responderé al llamado de Dios.

No tendré temor.

Me libero de la inseguridad y del temor al fracaso.

Rompo con todo espíritu religioso que me ha empujado al anonimato.

Me sacudo la apatía y la falta de interés.

Redimiré el tiempo de mi vida.

No permitiré que un espíritu haragán, perezoso, controle mi vida.

Andaré prudentemente, no como una mujer ridícula, boba e ingenua. Soy sabia y sé que al Señor le importa mi vida.

El Señor redimirá todo el tiempo perdido y restaurará cada año desperdiciado.

Aprovecharé toda oportunidad apropiada para cumplir mi destino.

Soy una mujer llena del Espíritu Santo.

Mi corazón está experimentando un gran despertar ante mi propósito y mi destino.

Buscaré y encontraré al Dios que me llama.

Tengo visión y discernimiento en el corazón y la mente de Dios.

En mi corazón está surgiendo un nuevo nivel de urgencia y pasión por el propósito.

Tengo significado.

Me deshago de la desesperanza y el abatimiento.

El Señor me valida, y Él me ha llamado y ungido para un tiempo como este.

Usaré mi vida y mis recursos para alcanzar grandes cosas para el Señor.

No estoy es este mundo por casualidad; Dios tiene una visión para mi futuro.

Dios me ha ordenado para ser una mujer llena de Su propósito.

Soy el resultado de algo que Dios visualizó.

Cuando los demás traten de desacreditarme y devaluarme, me nutriré del Señor y buscaré obedecer únicamente Sus mandamientos.

Buscaré la visión del Señor y con ella encontraré claridad, inspiración, estructura y motivación.

Oraciones

Señor, tu Palabra dice en Deuteronomio 30:19, "Al cielo y a la tierra pongo hoy como testigos contra vosotros de que he puesto ante ti la vida y la muerte, la bendición y la maldición. Escoge, pues, la vida para que vivas, tú y tu descendencia" (LBLA).

Señor, escojo la vida. Escojo las bendiciones. Te pido que me des la capacidad para tomar decisiones sensatas. Deja que la sabiduría y la discreción descansen sobre mí. Elijo seguir tus planes y propósito para mi vida. Elijo salir de mi zona de comodidad y obedecer tu voluntad para mi vida.

No seré una víctima de las circunstancias. Elijo perdonar a cada hombre que ha retenido mis promociones por el hecho de ser mujer. No permitiré que un espíritu de odio por el hombre entre en mi corazón. No dejaré que la venganza, el enojo y el deseo de represalia contaminen mi espíritu.

Tomaré decisiones aprobadas por Dios y motivadas por el amor. Andaré rectamente. Elegiré ser una mujer de santidad. Elijo romper con el statu quo. Elijo ser una bendición para la siguiente generación. Dejaré un legado de bondad y misericordia en la tierra. Marcaré un hasta aquí en el espíritu y escogeré la vida para que mi descendencia sea bendecida. Debido a mi elección recta, mis descendientes heredarán la tierra. En el nombre de Jesús. Amén.

Mi Señor, te doy gracias por tu obra. Tú eres el Alfarero y yo el barro diseñado de manera singular para llevarte gloria. Te pido, amado Dios que despiertes una visión en mí. No quiero desperdiciar mi vida haciendo algo para lo que no me diseñaste. Tengo una responsabilidad ante ti, mi Creador, para usar mi vida para tus planes y propósito. Así que te pido, amado Dios, que hagas que yo perciba tus intenciones y pensamientos para mí. Guíame y dirígeme para que pueda ser todo

aquello para lo que me diseñaste. Ordena mis pasos; muéstrame el camino por el que debo ir. Ayúdame a fijar metas que sean realistas y estén alineadas con tus propósitos. En el nombre de Jesús. Amén.

Señor, tu Palabra dice que la fe sin obras es muerta. Rompo con todos los espíritus de procrastinación en mi vida. Escribiré la visión para mi vida. No dudaré ni procrastinaré más. Tu Palabra dice que sin visión tu pueblo perece. Declaro que soy una mujer con visión. Tengo un propósito único que cumplir en la tierra. No dejaré que el diablo me robe mi tiempo y mis días. Rompo con todos los espíritus de pereza y apatía. En el nombre de Jesús. Amén.

SU TURNO

Use el espacio de abajo para escribir sus propias oraciones y declaraciones:

_____

_____

_____

_____

_____

_____

_____

VÉASE A SÍ MISMA COMO DIOS LA VE

Escrituras

Y vio Dios todo lo que había hecho, y he aquí que era bueno en gran manera.

—Génesis 1:31

Tú creaste las delicadas partes internas de mi cuerpo y me entretejiste en el vientre de mi madre. ¡Gracias por hacerme tan maravillosamente complejo! Tu fino trabajo es maravilloso, lo sé muy bien.

—Salmo 139:13–14, ntv

Porque Jehová tiene contentamiento en su pueblo; hermoseará a los humildes con la salvación.

—Salmo 149:4

Como el gozo del esposo con la esposa, así se gozará contigo el Dios tuyo.

—Isaías 62:5

Jehová está en medio de ti, poderoso, él salvará; se gozará sobre ti con alegría, callará de amor, se regocijará sobre ti con cánticos.

—Sofonías 3:17

Porque Dios es quien obra en vosotros tanto el querer como el hacer, para su beneplácito.

—Filipenses 2:13, lbla

Declaraciones

Elijo meditar en las cosas que son verdaderas.

Me aparto de toda falsedad.

Creo la verdad de la Palabra de Dios respecto a quien yo soy.

A través del poder de Dios, arranco toda mentira y decepción plantada en mi mente.

Los pensamientos del Señor acerca de mí son preciosos (Salmo 139:17).

El Señor se regocija por mí (Isaías 62:5; Sofonías 3:17).

Estoy asombrosa y maravillosamente hecha (Salmo 139:14).

Oraciones

Señor, permite que la verdad de tu Palabra surja en mi corazón.

"¡Cuán preciosos me son, oh Dios, tus pensamientos! ¡Cuán grande es la suma de ellos!" (Salmo 139:17). Señor, creo que tus pensamientos por mí son maravillosos. Siempre estoy en tu mente. Creo que tus pensamientos hacia mí son de bien y no de mal.

Tal como dice Isaías 62:5, yo creo que tú te regocijas por mí como creación tuya. Estoy hecha a tu imagen. Te glorifico cuando hago tu voluntad en la tierra.

Señor, he sentido como que me has olvidado o rechazado como mujer. Yo creo que tú me amas y recibo tu amor. Me desato del rechazo paterno. No soy olvidada, apartada ni desechada. Recibo el espíritu de adopción, y clamo "Abba, Padre". Me arrepiento de estos pensamientos. Creo que mi nombre está escrito en la palma de tu mano.

Señor, abre mis oídos espirituales para escuchar tus cantos de alegría por mí (Sofonías 3:17). Elijo descansar en tu amor. Ya no lucharé por ser aceptada. Continúa llenándome con tu amor.

Padre, te pido que me des tu sentir para mi vida. Ilumina los ojos de mi entendimiento. Ayúdame a saber para qué me creaste. ¿De qué hablábamos cuando yo estaba en el vientre de mi madre? ¿En qué pensabas cuando me entretejías en el vientre de mi madre? Llena mi corazón y mi mente con tus pensamientos hacia mí.

Señor, deseo hacer todo aquello que cumpla tu propósito. Dame la gracia para cumplir tu llamado en mi vida. Señor, necesito una visitación santa. Derrama el Espíritu de conocimiento sobre mi vida. Quiero una comprensión viva de quién soy ante tu trono. Haz que vea la vida desde tu perspectiva.

Su turno

Use el espacio de abajo para escribir sus propias oraciones y declaraciones:

_____

_____

_____

_____

_____

_____

_____

_____

_____

_____

_____

_____

_____

_____

_____

_____

_____

_____

RECIBA LIBERACIÓN DEL ESPÍRITU DE ORFANDAD

ESCRITURAS

Mas a todos los que le recibieron, a los que creen en su nombre, les dio potestad de ser hechos hijos de Dios; los cuales no son engendrados de sangre, ni de voluntad de carne, ni de voluntad de varón, sino de Dios.

—JUAN 1:12–13

Pues no habéis recibido el espíritu de esclavitud para estar otra vez en temor, sino que habéis recibido el espíritu de adopción, por el cual clamamos: ¡Abba, Padre!

—ROMANOS 8:15

Pues todos sois hijos de Dios por la fe en Cristo Jesús.

—GÁLATAS 3:26

Mirad cuál amor nos ha dado el Padre, para que seamos llamados hijos de Dios; por esto el mundo no nos conoce, porque no le conoció a él.

—1 JUAN 3:1

DECLARACIONES

En la presencia del Señor encontraré la confianza para cumplir la misión del Señor.

Oraré y ayunaré hasta que esté cómoda en los brazos del Padre.

El amor que el Padre siente por mí es más grande que mi rechazo y temor.

Clamaré, "Abba, Padre" al Señor.

Soy hija de Dios.

El Señor me ha adoptado como su hija.

ORACIÓN

Señor, gracias porque tú me amas. Recibo tu amor. Permite que el poder de tu sangre me limpie del espíritu de orfandad. Bautiza mi corazón con el fuego de tu amor. Deja que el fuego de tu amor queme el rechazo y el temor. Deja que el fuego de tu amor limpie la escoria del espíritu de orfandad. Tu amor es como llamas vehementes, y las muchas aguas no pueden apagar tu amor por mí. Las llamas de tu amor por mí son eternas, y las muchas aguas nunca podrán ahogarlas. Tu Palabra dice que tú no nos dejarás como huérfanos, sino que vendrás a nosotros.

Espíritu Santo, ven y derrama el amor de Dios en mi corazón. Espíritu Santo, enséñame cómo recibir el amor del Padre. Ven, facúltame con la verdad de tu amor. Me libero de la mentalidad de sobrevivencia. No quiero sobrevivir solamente; quiero disfrutar la vida abundante que tienes para mí. Estoy cansada de coser hojas de higo para mí. Estoy cansada de vivir en temor y vergüenza. Ya no me esconderé de tu presencia.

Me humillo, Señor. Tu Palabra dice que a menos que un grano de trigo caiga a la tierra y muera, no podrá llevar fruto. Elijo morir a mi yo. No me preocuparé solamente de mis intereses, sino que usaré mi autoridad para beneficiar el bienestar de los demás. Me sacudo la pasividad y la indiferencia.

Soy una hija del Rey. No soy huérfana. No tengo que actuar para recibir tu amor. Recibo el espíritu de adopción y clamo "Abba, Padre". Me libero de toda inseguridad y temor. Me desato del afán por la supervivencia.

Perdóname por estar obsesionada tratando de retener lo que he obtenido a través del esfuerzo y la competencia. Ya no competiré para sobrevivir. Tengo tu favor. Confío que tu amor me protegerá. Encuentro mi seguridad en ti. Tú eres mi Padre celestial; tú provees para mí. Elijo obedecer tu Palabra. Ya no trataré de salvar mi vida, sino que elijo perderla en los brazos de tu amor. Amén.

Su turno

Use el espacio de abajo para escribir sus propias oraciones y declaraciones:

_____

_____

_____

_____

ABANDONE LA AMARGURA

ESCRITURAS

Crea en mí, oh Dios, un corazón limpio, y renueva un espíritu recto dentro de mí.

—SALMO 51:10

Quítense de vosotros toda amargura, enojo, ira, gritería y maledicencia, y toda malicia. Antes sed benignos unos con otros, misericordiosos, perdonándoos unos a otros, como Dios también os perdonó a vosotros en Cristo.

—EFESIOS 4:31–32

Mirad bien de que nadie deje de alcanzar la gracia de Dios; de que ninguna raíz de amargura, brotando, cause dificultades y por ella muchos sean contaminados.

—HEBREOS 12:15, LBLA

Por esto, mis amados hermanos, todo hombre sea pronto para oír, tardo para hablar, tardo para airarse; porque la ira del hombre no obra la justicia de Dios.

—SANTIAGO 1:19–20

Pero si tenéis celos amargos y contención en vuestro corazón, no os jactéis, ni mintáis contra la verdad.

—SANTIAGO 3:14

Declaraciones

Acudiré a Cristo para que me ayude cuando estoy amargada.

Dejaré que toda amargura sea quitada de mi vida (Efesios 4:31).

Reemplazaré la amargura con amor (1 Corintios 13:4–7).

Quitaré toda amargura antes de que destruya mi paz.

Abandonaré la amargura para que Dios se haga cargo.

Seré lenta para la ira (Santiago 1:19–20).

La amargura, el dolor y la falta de perdón no gobernarán mi vida.

Confesaré mi amargura y decepción a Dios y sabré que Él está obrando para que incluso estas cosas funcionen para mi bien.

Oraciones

Señor, quita de mi comportamiento y valores toda mezcla de la experiencia negativa en mi vida. Elijo ser mejor y no amargada. Deja que el fuego del Espíritu Santo limpie toda amargura, enojo, frustración y decepción.

Señor, te pido que crees en mí un corazón limpio y renueves un espíritu recto en mí. Me arrepiento de toda amargura, enojo y deseo de venganza. Perdono a aquellos que me han causado dolor. Perdono a los que me decepcionaron. Te libero a ti, Señor, de cualquier cosa que crea que me debes porque yo me haya sentido desilusionada o no haya entendido tu tiempo. Yo sé que tú eres fiel, que nunca fallas y que siempre estás conmigo. Me arrepiento por culparte de cosas que yo invité a mi vida a causa de la desobediencia, ignorancia o rebeldía. Me arrepiento por culparte por cosas que el enemigo ha hecho para sabotear tu voluntad perfecta para mi vida.

En este momento, en el nombre de Jesús, me libero de todos los espíritus de represalia. Me libero de todos los espíritus cínicos y de crítica que han entrado en mi vida a través de la amargura. Ya no beberé aguas amargas, sino que confiaré en que el Árbol de Vida cambiará mi lamento en gozo. Elijo amar y creer en la bondad del Señor que trae arrepentimiento.

Señor, quita de mi vida el sabor amargo de la herida, dolor, pérdida y rechazo. Elijo probar y ver que tú, Señor, eres bueno. Deja que tu bondad llene mi vida. En el nombre de Jesús. Amén.

SU TURNO

Use el espacio de abajo para escribir sus propias oraciones y declaraciones:

_____

_____

_____

_____

_____

DERRUMBE LAS FORTALEZAS

ESCRITURAS

Pues aunque andamos en la carne, no militamos según la carne; porque las armas de nuestra milicia no son carnales, sino poderosas en Dios para la destrucción de fortalezas, derribando argumentos y toda altivez que se levanta contra el conocimiento de Dios, y llevando cautivo todo pensamiento a la obediencia a Cristo.

—2 CORINTIOS 10:3–5

No os ha sobrevenido ninguna tentación que no sea humana; pero fiel es Dios, que no os dejará ser tentados más de lo que podéis resistir, sino que dará también juntamente con la tentación la salida, para que podáis soportar.

—1 CORINTIOS 10:13

Porque no tenemos lucha contra sangre y carne, sino contra principados, contra potestades, contra los gobernadores de las tinieblas de este siglo, contra huestes espirituales de maldad en las regiones celestes.

—EFESIOS 6:12

DECLARACIONES

Por el poder de Dios todopoderoso, derrumbo toda fortaleza que se oponga a la voluntad de Dios para mi vida.

El Señor me proveerá las armas para la guerra espiritual que derrumbará las fortalezas (2 Corintios 10:3–5).

Puedo atravesar cualquier obstáculo al recibir el poder y la capacidad que Jesús provee.

ORACIÓN

Señor, yo sé que mi batalla no es contra carne ni sangre, así que no estoy enojada o molesta con los hombres. Sé que mi enemigo ha sido el diablo. No recurriré a armas carnales, débiles de odio y venganza. Elijo armas que son poderosas, a las que tú les has dado poder para derribar fortalezas. Elijo aplicar la Palabra de Dios. Invoco la sangre de Jesús en mi mente. Uso el nombre de Jesús para demoler fortalezas puestas en mi mente por medio de enseñanzas erróneas. Ato toda idea arrogante y rebelde que esté en mi mente. Echo fuera de mi mente las imaginaciones altivas y el orgullo. Someto mis pensamientos a las palabras de Cristo: "Bienaventurados los de corazón puro porque ellos verán a Dios" (Mateo 5:8). En el nombre de Jesús. Amén.

SU TURNO

Use el espacio de abajo para escribir sus propias oraciones y declaraciones:

_____

_____

_____

COMBATA EL TEMOR

ESCRITURAS

Esforzaos y cobrad ánimo; no temáis, ni tengáis miedo de ellos, porque Jehová tu Dios es el que va contigo; no te dejará, ni te desamparará.

—DEUTERONOMIO 31:6

Aunque ande en valle de sombra de muerte, no temeré mal alguno, porque tú estarás conmigo; tu vara y tu cayado me infundirán aliento.

—SALMO 23:4

¿Quién es el hombre [*mujer*] que teme a Jehová? Él le enseñará [*a ella*] el camino que ha de escoger. Gozará él [*ella*] de bienestar, y su descendencia heredará la tierra. La comunión íntima de Jehová es con los que le temen, y a ellos hará conocer su pacto. Mis ojos están siempre hacia Jehová, porque él sacará mis pies de la red.

—SALMO 25:12–15, CORCHETES AÑADIDOS

Busqué a Jehová, y él me oyó, y me libró de todos mis temores.

—SALMO 34:4

En el día que temo, yo en ti confío.

—SALMO 56:3

La paz os dejo, mi paz os doy; yo no os la doy como el mundo la da. No se turbe vuestro corazón, ni tenga miedo.

—Juan 14:27

Porque no nos ha dado Dios espíritu de cobardía, sino de poder, de amor y de dominio propio.

—2 Timoteo 1:7

En el amor no hay temor, sino que el perfecto amor echa fuera el temor; porque el temor lleva en sí castigo. De donde el que teme, no ha sido perfeccionado en el amor.

—1 Juan 4:18

DECLARACIONES

No tengo que vivir en temor; mejor vivo en la presencia del Señor, la cual echa fuera el temor.

Cuando tenga miedo, confiaré en el Señor (Salmo 56:3).

El Señor está conmigo cuando estoy asustada.

No fui hecha para vivir en temor; fui hecha para tener un espíritu de poder, amor y dominio propio (2 Timoteo 1:7).

El amor perfecto del Señor echará fuera de mí todo temor (1 Juan 4:18).

Dios me está trasladando de la inferioridad, rivalidad y temor hacia el poder, influencia y valentía.

Declaro que me levantaré del temor y abrazaré la valentía del Señor.

No tendré temor.

Soy intrépida y apasionada. Andaré en la plenitud de mi llamado, perseguiré mis sueños y buscaré oportunidades para ser luz en un mundo de tinieblas.

ORACIÓN

Señor, seré fuerte y muy valiente. Tu perfecto amor echa fuera el temor. Atráeme con tu Espíritu a las cámaras secretas de tu amor. Señor, tú eres mi refugio y mi fortaleza. Mi Dios, en quien confío. No estaré ansiosa por nada, sino en todo, por medio de la oración y súplicas con acción de gracias, te haré conocer todas mis peticiones. Pongo mi afecto y amor en ti. Me acercaré a ti, y tú te acercarás a mí.

Confío en ti con todo mi corazón, no me apoyo en mi propio entendimiento. Busco tu sabiduría. Echo todas mis preocupaciones sobre ti, pues tú cuidas de mí. Señor, tú eres mi fortaleza; corro a ti, y estoy segura. Amén.

SU TURNO

Use el espacio de abajo para escribir sus propias oraciones y declaraciones:

_____

_____

_____

_____

_____
_____
_____
_____
_____
_____
_____
_____
_____
_____
_____
_____
_____
_____
_____
_____
_____
_____
_____
_____
_____
_____
_____
_____
_____

SUPERE EL TRAUMA

ESCRITURAS

Dios es nuestro amparo y fortaleza, nuestro pronto auxilio en las tribulaciones.

—SALMO 46:1

A todos los que se lamentan en Israel les dará una corona de belleza en lugar de cenizas, una gozosa bendición en lugar de luto, una festiva alabanza en lugar de desesperación. Ellos, en su justicia, serán como grandes robles que el Señor ha plantado para su propia gloria.

—ISAÍAS 61:3, NTV

Y no sólo esto, sino que también nos gloriamos en las tribulaciones, sabiendo que la tribulación produce paciencia; y la paciencia, prueba; y la prueba, esperanza; y la esperanza no avergüenza; porque el amor de Dios ha sido derramado en nuestros corazones por el Espíritu Santo que nos fue dado.

—ROMANOS 5:3–5

Todo lo puedo en Cristo que me fortalece.

—FILIPENSES 4:13

Hermanos míos, tened por sumo gozo cuando os halléis en diversas pruebas, sabiendo que la prueba de vuestra fe produce paciencia. Mas tenga la paciencia su obra completa, para que seáis perfectos y cabales, sin que os falte cosa alguna.

—Santiago 1:2–4

Dios bendice a los que soportan con paciencia las pruebas y las tentaciones, porque después de superarlas, recibirán la corona de vida que Dios ha prometido a quienes lo aman.

—Santiago 1:12, ntv

DECLARACIONES

El Señor me dará belleza en lugar de mis cenizas.

Dios es mi sanador; con Él venceré la adversidad y creceré en el proceso (Romanos 5:3–5).

Este es mi momento para ser sanada y libertada.

Declaro que mi luz ha llegado. Ya no estaré en la oscuridad, pues el Señor está enviándome revelación e iluminación celestial. Mi propósito se está haciendo más claro.

Soy una mujer con fortaleza mental, emocional y espiritual. Dentro de mí surge nueva fuerza.

Elijo avanzar ante el trauma. Mantendré un sentido de relevancia personal en la vida. Los eventos que me acontezcan no me destruirán. Recibo fortaleza interior para vencer.

Declaro que no dejaré que la dificultad o los eventos traumáticos definan ni desvíen mi destino. No permitiré que un espíritu de amargura, dolor y falta de perdón gobierne mi vida. Me rehúso a tener una mentalidad de víctima.

Soy fuerte y capaz de soportar la oposición. En medio de las tormentas y las crisis, continuaré bendiciendo y sirviendo al Señor y a los demás (Filipenses 4:13).

Soy la flecha de liberación en la aljaba del Señor, y Él me está puliendo a fin de lanzarme estratégicamente.

Soy una mujer capaz de sobrellevar la presión y la adversidad.

Soy destacada, distinguida, excepcional y privilegiada. Brillaré como un diamante para el Rey de gloria.

ORACIÓN

Señor, tú eres mi refugio y fortaleza, mi pronto auxilio en la adversidad. Recibo tu sanidad y liberación. Tú eres mi gloria y el que levanta mi cabeza. El brillo del semblante de Dios gira hacia mí. Soy la niña de tus ojos, y el favor y la gloria del Señor se levantarán sobre mí. Señor, vísteme con un manto de dignidad y fortaleza. En el nombre de Jesús. Amén.

SU TURNO

Use el espacio de abajo para escribir sus propias oraciones y declaraciones:

_____

_____

_____

_____

_____

Parte III

TRANSFORMACIÓN EXTERNA

Dios está derramando su poder a través de las mujeres para que ellas puedan hacer que la vida de quienes se encuentran en sus esferas de influencia sea totalmente diferente a lo que era antes. Muchos desafiarán su autoridad para predicar o enseñar el evangelio. Utilizarán todas las escrituras fuera de contexto para callar su voz, pero habrá una fuerza innegable, imparable, que no puede ser aniquilada, moviéndose a través de usted que hará callar a todos los que le contradigan: el poder de Dios.

Las muestras ilimitadas del poder de Dios obtendrán la atención de reyes y presidentes. Los milagros abrirán las puertas de oportunidad para predicar el evangelio en lugares poco comunes. El Espíritu Santo le dará poder para cambiar, transformar o crear un impacto en la gente, lugares y eventos. Verá esta fuerza funcionar en usted tan poderosamente que su sola presencia hará que las cosas cambien sin que usted necesite hacer algo para que suceda. Esta es la influencia que el Espíritu Santo le concederá a medida que usted le permita llenarla.

El Señor quiere alcanzar a gente de todas las naciones y llevarla a la salvación, y Él quiere usarla a usted para hacerlo. Ya está usando mujeres que funcionan en el poder de resurrección para liberar a los oprimidos, llevar sanidad y predicar el evangelio a los perdidos. Las oraciones y declaraciones en esta sección le facultarán para andar en la llenura del llamado que Dios tiene para usted. No hay límites para lo que Dios puede hacer a través de usted, excepto aquellos que se autoimponga. Permita que el Señor le faculte con un poder milagroso para influenciar los corazones humanos para la gloria de Dios.

DESCUBRA EL LLAMADO DE DIOS

Escrituras

Muchos pensamientos hay en el corazón del hombre; mas el consejo de Jehová permanecerá.

—Proverbios 19:21

No me elegisteis vosotros a mí, sino que yo os elegí a vosotros, y os he puesto para que vayáis y llevéis fruto, y vuestro fruto permanezca; para que todo lo que pidiereis al Padre en mi nombre, él os lo dé.

—Juan 15:16

De manera que, teniendo diferentes dones, según la gracia que nos es dada, si el de profecía, úsese conforme a la medida de la fe; o si de servicio, en servir; o el que enseña, en la enseñanza; el que exhorta, en la exhortación; el que reparte, con liberalidad; el que preside, con solicitud; el que hace misericordia, con alegría.

—Romanos 12:6–8

Pues para esto fuisteis llamados; porque también Cristo padeció por nosotros, dejándonos ejemplo, para que sigáis sus pisadas; el cual no hizo pecado, ni se halló engaño en su boca; quien cuando le maldecían, no respondía con maldición; cuando padecía, no amenazaba, sino encomendaba la causa al que juzga justamente.

—1 Pedro 2:21–23

Cada uno según el don que ha recibido, minístrelo a los otros, como buenos administradores de la multiforme gracia de Dios.

—1 Pedro 4:10

Declaraciones

Buscaré al Señor y su plan para mi vida, pues sus planes son mejores que los míos.

Usaré los dones y talentos que el Señor me ha dado para su gloria.

El Señor me elegirá y nombrará para llevar su fruto (Juan 15:16).

Administraré los dones que Dios me ha dado (1 Pedro 4:10).

Oraciones

Señor, te pido que me muestres mi lugar en la iglesia. Permíteme descubrir mis talentos y dones únicos para que pueda surgir y estar activa en la edificación de tu iglesia y en el avance de tus propósitos en la tierra. Permite que yo sea una mujer valiente y audaz que diga tu verdad en amor. Permíteme discipular y capacitar a la nueva generación de mujeres de Dios. Permíteme ser intencional en reproducir una generación de mujeres que son femeninas y poderosas.

Déjame ser una mujer agraciada y digna. Permíteme ejemplificar a la mujer constante y resuelta en la obra del reino.

Padre, ayúdame a desarrollar una sabiduría y un juicio sensato en todo lo que haga. Aumenta mi influencia; deja que mi voz se escuche en esta hora.

Padre, te agradezco porque mis tiempos están en tus manos. Tú haces todo nuevo. Gracias, Señor, porque tomas las cenizas de mi vida y las haces hermosas. Señor, permite que esta temporada sea de gran intercambio. Deja que el aceite del gozo sea derramado en mi vida en lugar del espíritu de lamento. Ya no seguiré lamentando lo que he perdido. Señor, te pido que hagas que mi gozo sea completo. Declaro que el gozo del Señor es mi fortaleza. Ya no me sumiré en la autocompasión. Rompo con los espíritus de melancolía, depresión y opresión. Me visto de alabanza. En lugar de la vergüenza de la viuda o de la mujer estéril, yo tengo doble honor. En lugar de confusión, yo andaré en revelación y entendimiento. Me regocijaré en mi porción. Recibiré la unción de Rut, y seré pionera de un nuevo sendero de gloria y doble honor. Confío en ti, Señor, y a donde vayas te seguiré. En el nombre de Jesús. Amén.

A donde tu Espíritu me dirija, iré. Me humillo bajo tu mano poderosa. Confío que en el momento oportuno me exaltarás. Señor, tú dijiste en tu Palabra que la obediencia es mejor que el sacrificio. Obedeceré tu dirección. Andaré en tus caminos. Confiaré en

ti con todo mi corazón, no me apoyaré en mi propio entendimiento, y tú me exaltarás en el momento oportuno. Amén.

Padre, te pido que abras mis ojos a lo nuevo que estás haciendo en mi vida. Declaro que recibiré nuevas posibilidades. Tu plan para mí es de bien y no de mal. Tu plan es darme una esperanza y un futuro. Señor, yo creo que tú hablas desde mi futuro y que todo en mi vida ya está cumplido en ti. Me levantaré en fe y dependeré de ti para que me muestres el camino de vida. ¿Cuál es mi camino? Señor, te pido que me lo reveles a través de tu Espíritu.

Padre, trae conexiones divinas a mi vida. Conéctame con mentores y entrenadores que me ayuden a cumplir mi destino. Señor, te pido que me libres de los ladrones de sueños. Espíritu Santo, despierta el sueño del Señor en mi vida. Hazme una bendición para mi generación. Permíteme llevarle favor a alguien más.

SU TURNO

Use el espacio de abajo para escribir sus propias oraciones y declaraciones:

_____

_____

_____

_____

_____

_____

_____

_____

_____

_____

_____

_____

_____

_____

_____

_____

_____

_____

_____

_____

_____

_____

_____

_____

_____

ROMPA BARRERAS

ESCRITURAS

Pues aunque andamos en la carne, no militamos según la carne; porque las armas de nuestra milicia no son carnales, sino poderosas en Dios para la destrucción de fortalezas.

—2 CORINTIOS 10:3–4

Por tanto, ya no eres siervo, sino hijo; y si hijo, también heredero por medio de Dios.

—GÁLATAS 4:7, LBLA

Porque él es nuestra paz, que de ambos pueblos hizo uno, derribando la pared intermedia de separación.

—EFESIOS 2:14

Pero nosotros no somos de los que retroceden para perdición, sino de los que tienen fe para preservación del alma.

—HEBREOS 10:39

DECLARACIONES

Pasaré por encima de toda barrera para hacer aquello a lo que Dios me ha llamado.

Jesucristo mismo derrumbó barreras y unificó a la Iglesia (Efesios 2:14); lucharé por hacer lo mismo a través de Él.

Determinación y resolución serán el principio de mi avance.

Con la ayuda del Señor, tomaré decisiones difíciles y arriesgadas con oportunidad para romper las barreras que enfrente.

Me mantendré firme en mis decisiones.

Dios me ha provisto todo lo que necesito para triunfar y derribar barreras; tendré la confianza en ese hecho.

Por medio de mi fe, romperé barreras.

Le pediré al Señor con fe y lo seguiré para ir por encima de los obstáculos que enfrente.

No retrocederé; proseguiré, reforzaré el paso y me rehusaré a volver atrás (Hebreos 10:39).

Con Dios, todo es posible (Mateo 19:26).

Cuando oro con fe, las barreras son demolidas.

No me sentaré a esperar ociosamente a que las barreras que me rodean se derrumben; tomaré un rol activo.

Declaraciones para romper con los límites nacionales, étnicos y raciales

Por medio del Señor, los límites étnicos y raciales pueden ser removidos.

Así como Rut, yo puedo eliminar, y lo haré, la animosidad y juicio hacia las personas que son diferentes a mí, sin importar durante cuántos años se ha ido acumulando (Rut 1:16–17).

Seré diligente, fiel y amable, y oraré para que el Señor use eso para derrumbar las barreras que me rodean.

Honraré las diferencias culturales entre quienes me rodean y yo. Procuraré entender y apreciar las diferencias raciales. No voy a discriminar. No voy a prejuzgar. Venceré el odio con amor. Señor, me arrepiento de ser alguien que hace distinción de personas. Señor, te pido que examines mi corazón y me guíes a la verdad. Si he practicado prejuicio racial, me arrepiento. Padre, te pido que grabes en mi corazón con fuego tu amor por toda la humanidad.

Me destacaré de entre la gente a mi alrededor debido a mis dones.

DECLARACIONES PARA DERRUMBAR
BARRERAS RELIGIOSAS

Si la gente cuestiona mi fe en el Dios viviente, dejaré que mis acciones hablen por mí.

A veces, el cuerpo de Cristo parece diverso, pero es un solo grupo, bajo Cristo (Juan 10:16).

En Cristo, todos somos uno (Colosenses 3:11).

En la Gran Comisión, Jesús nos envió a contarle las buenas nuevas a toda la gente en todas las culturas; nuestras diferencias culturales no significan que debamos estar divididos.

El Padre unirá a su iglesia.

Declaraciones para derrumbar barreras familiares y generacionales

Con el Señor, el poder de las maldiciones generacionales puede romperse.

Decido llevar una forma de vida diferente a la de mi familia.

Me retiraré de la familia disfuncional de mi pasado y me aferraré a la nueva familia que el Señor me da (Rut 1:16–17).

No permitiré que una maldición familiar o generacional me detenga de alcanzar la voluntad de Dios para mi vida.

Declaraciones para derrumbar barreras de clase social y económicas

¡Dios está levantando personas que romperán la barrera de pobreza!

Con Dios y por medio de la diligencia, fe y determinación, yo puedo vencer a la pobreza.

Me esforzaré para superar esta barrera en lugar de esperar que alguien me ayude.

No trabajaré egoístamente para mi propio beneficio; trabajaré para el beneficio de mis seres queridos.

Declaraciones para derrumbar barreras de género

La confianza que Dios me ha dado me ayudará a derrumbar las barreras de género.

Me niego a creer los estereotipos acerca de las mujeres, y así me aparto de su poder sobre mi vida.

Ni siquiera voy a pensar en las opciones limitadas, modestas, que la sociedad considera aceptables para mí; mejor escucharé la voz del Señor y seguiré su plan para mi vida.

Soy mujer, y me niego a permitir que ese hecho me impida hacer lo que debe hacerse para cuidar de mí misma y de mis seres queridos.

Aun en una sociedad dominada por hombres, Dios restaurará y redimirá la vida de las mujeres; Dios me restaurará y redimirá.

Mi bondad y fuerte ética laboral me permitirán derrumbar barreras.

ORACIÓN

Declaro que esta es mi época para avanzar. Declaro que toda limitación y barrera que obstruyen mi destino es derrumbada. Mi posición económica no me define. Mi género y etnicidad no me limitarán. Declaro que todo tope se rompe. Soy una mujer que avanzará y se expandirá hacia la derecha y la izquierda. Lograré todo lo que el Señor ha diseñado para mi vida. Me levantaré y permaneceré en la unción. Le hablo a cada montaña de temor y le ordeno que se mueva y se lance al mar. Me levantaré por encima del prejuicio y toda opinión preconcebida acerca de mis capacidades como mujer. Romperé cada maldición generacional de pobreza y escasez. Continúo hacia el máximo llamado

en Cristo Jesús. Soy pionera. Terminaré con fuerza.
¡Venceré!

SU TURNO

Use el espacio de abajo para escribir sus propias oraciones
y declaraciones:

_____

_____

_____

_____

_____

_____

_____

_____

_____

_____

_____

_____

_____

_____

_____

_____

TOME ACCIÓN

ESCRITURAS

No todo el que me dice: Señor, Señor, entrará en el reino de los cielos, sino el que hace la voluntad de mi Padre que está en los cielos.

—MATEO 7:21

Porque ejemplo os he dado, para que como yo os he hecho, vosotros también hagáis. De cierto, de cierto os digo: El siervo no es mayor que su señor, ni el enviado es mayor que el que le envió. Si sabéis estas cosas, bienaventurados seréis si las hiciereis.

—JUAN 13:15–17

Pero sed hacedores de la palabra, y no tan solamente oidores, engañándoos a vosotros mismos. Porque si alguno es oidor de la palabra pero no hacedor de ella, éste es semejante al hombre que considera en un espejo su rostro natural. Porque él se considera a sí mismo, y se va, y luego olvida cómo era. Mas el que mira atentamente en la perfecta ley, la de la libertad, y persevera en ella, no siendo oidor olvidadizo, sino hacedor de la obra, éste será bienaventurado en lo que hace.

—SANTIAGO 1:22–25

La religión pura y sin mácula delante de Dios el Padre es esta: Visitar a los huérfanos y a las viudas en sus tribulaciones, y guardarse sin mancha del mundo.

—Santiago 1:27

Hermanos míos, ¿de qué aprovechará si alguno dice que tiene fe, y no tiene obras? ¿Podrá la fe salvarle? Y si un hermano o una hermana están desnudos, y tienen necesidad del mantenimiento de cada día, y alguno de vosotros les dice: Id en paz, calentaos y saciaos, pero no les dais las cosas que son necesarias para el cuerpo, ¿de qué aprovecha? Así también la fe, si no tiene obras, es muerta en sí misma.

—Santiago 2:14–17

Declaraciones

Declaro que soy triunfadora.

No tardaré en guardar los mandamientos del Señor (Salmo 119:60).

No retrocederé ante los desafíos de la vida.

Seré hacedora de la Palabra en lugar de solo oidora (Santiago 1:22).

Trabajaré como para el Señor (Colosenses 3:23–24).

Viviré mi destino; llevaré una vida llena de pasión.

Dios está interesado en promover a las mujeres que son fructíferas, aquellas que están listas para hacer algo. Yo seré la mujer preparada para tomar acción.

Oración

Me levantaré para cumplir mi destino. Señor, a donde guíes yo te sigo. Llévame a la montaña del cambio. Permíteme ser transformada al tocar tu gloria. Despierta pasión en mi corazón. Elijo amar sin temor. Creo que soy elegida para llevar fruto en mi vida. Padre, dame valentía en mi vida para derrumbar toda barrera que el enemigo haya puesto a fin de evitar que yo te complazca. Mi vida será una carta que los hombres leerán.

Su turno

Use el espacio de abajo para escribir sus propias oraciones y declaraciones:

_____

_____

_____

_____

_____

_____

_____

_____

_____

_____

GANE AL PERDIDO

ESCRITURAS

Después oí la voz del Señor, que decía: ¿A quién enviaré, y quién irá por nosotros? Entonces respondí yo: Heme aquí, envíame a mí.

—ISAÍAS 6:8

Entonces dijo a sus discípulos: A la verdad la mies es mucha, mas los obreros pocos.

—MATEO 9:37

Por tanto, id, y haced discípulos a todas las naciones, bautizándolos en el nombre del Padre, y del Hijo, y del Espíritu Santo; enseñándoles que guarden todas las cosas que os he mandado.

—MATEO 28:19–20

Pero recibiréis poder, cuando haya venido sobre vosotros el Espíritu Santo, y me seréis testigos en Jerusalén, en toda Judea, en Samaria, y hasta lo último de la tierra.

—HECHOS 1:8

DECLARACIONES

Haré mi parte para ganar a los perdidos; responderé el llamado de la Gran Comisión.

Honraré al Señor y divulgaré su Palabra al comprometerme a evangelizar aun cuando sea difícil.

Heme aquí, Señor. Envíame a mí (Isaías 6:8).

Seré una obrera para recoger la cosecha (Mateo 9:37).

ORACIÓN

Señor de la cosecha, pedimos que envíes obreras a los campos. Dale a los creyentes tu sentir por las almas. Te pido que el honor por el evangelista vuelva a la iglesia. Señor, nos arrepentimos por no estar ganando almas. Tu Palabra dice que el que gana almas es sabio (vea Proverbios 11:30). Permite que el espíritu de dureza de corazón sea arrancado de los creyentes. Quita las escamas de nuestros ojos para que veamos la cosecha a nuestro alrededor. Deja que el temor y la intimidación sea arrancada de los creyentes. Que confiemos en que tú nos darás las palabras que debemos decir. Guíanos hacia aquellos a quienes somos llamados a ministrarles el evangelio de la salvación. Ordena nuestros pasos en tu Palabra. Permite que los predicadores y proclamadores vuelvan a la iglesia.

SU TURNO

Use el espacio de abajo para escribir sus propias oraciones y declaraciones:

_____

_____

_____

_____

PROCURE LA UNIDAD

Escrituras

¡Mirad cuán bueno y cuán delicioso es habitar los hermanos juntos en armonía! Es como el buen óleo sobre la cabeza, el cual desciende sobre la barba, la barba de Aarón, y baja hasta el borde de sus vestiduras

—Salmo 133:1–2

Más valen dos que uno solo, pues tienen mejor remuneración por su trabajo. Porque si uno de ellos cae, el otro levantará a su compañero; pero ¡ay del que cae cuando no hay otro que lo levante! Además, si dos se acuestan juntos se mantienen calientes, pero uno solo ¿cómo se calentará? Y si alguien puede prevalecer contra el que está solo, dos lo resistirán. Un cordel de tres hilos no se rompe fácilmente.

—Eclesiastés 4:9–12, lbla

Otra vez os digo, que si dos de vosotros se pusieren de acuerdo en la tierra acerca de cualquiera cosa que pidieren, les será hecho por mi Padre que está en los cielos.

—Mateo 18:19

Porque por un solo Espíritu fuimos todos bautizados en un cuerpo, sean judíos o griegos, sean esclavos o libres; y a todos se nos dio a beber de un mismo Espíritu. Además, el cuerpo no es un solo miembro, sino muchos.

—1 Corintios 12:13–14

Solamente que os comportéis como es digno del evangelio de Cristo, para que o sea que vaya a veros, o que esté ausente, oiga de vosotros que estáis firmes en un mismo espíritu, combatiendo unánimes por la fe del evangelio.

—Filipenses 1:27

Declaraciones

Con Cristo en el centro de nuestras relaciones, desaparecerán de la Iglesia la separación y la división.

La Iglesia es un solo cuerpo, es posible que los miembros tengan diferentes funciones, pero tendré presente que todos debemos trabajar juntos para darle gloria a Dios.

Soy parte del Cuerpo de Cristo, trabajaré en conjunto con los demás.

Procuraré y estimularé la unidad dentro de la Iglesia.

Oraciones

Señor, tu Palabra dice "cuán bueno y delicioso es que los hermanos habiten juntos en armonía". Te pido que derrames la unción de unión. Que nos hagas uno. Permite que la Iglesia experimente la bendición que has mandado, vida eterna para siempre. Derrumba el muro de separación y división. Que aquellos que esparcen semillas de discordia entre los hermanos sean redargüidos. Señor, te pido que sanes a tus hijos e hijas y que nos hagas uno. Te pido que nos hagas uno, así como Jesús y tú son uno. Que amarnos unos a otros sea nuestro mayor objetivo en el ministerio. Permítenos amarnos mutuamente para que el mundo sepa que viniste. Que el espíritu de amor sea tan tangible que los hombres puedan verlo y sentirlo en la gran congregación. Deja que nos enamoremos de ti para que podamos amarnos entre nosotros.

Ato todo espíritu de competencia. Libero unidad y cooperación. Ato toda crueldad y celos. Ato al espíritu de orgullo y temor. Desato humildad y amor.

Padre, comprendo que no podemos amar en nuestras propias fuerzas. Espíritu Santo, facúltanos para amarnos unos a otros. Derrama el amor de Dios en nuestro corazón.

Señor, te agradezco lo nuevo que estás haciendo en el Cuerpo de Cristo. Te agradezco por la unidad y colaboración entre los hombres y mujeres en el ministerio. Señor, te pido que hagas que el Cuerpo de Cristo piense fuera de sus límites de religión y tradición. Declaro que los muros de separación y división se desmoronan y caen. Ato toda obra diabólica de división y competencia entre hombres y mujeres. Te pido que derrames

el aceite de la unidad, (vea el Salmo 133). *Permite que un nuevo nivel de respeto y honor surja entre hombres y mujeres. Permite que nuestra conducta sea digna del evangelio. Que hombres y mujeres permanezcan juntos en un solo espíritu y con una misma manera de pensar luchando juntos por el bien del evangelio,* (vea Filipenses 1:27). *Que hagamos a un lado nuestras diferencias insignificantes y que nos humillemos a nosotros mismos bajo tu mano poderosa. Señor, te pido que el cuerpo de Cristo avance junto en común acuerdo. Que tengamos la misma manera de pensar y andemos en amor,* (vea Filipenses 2:2). *Me arrepiento de nuestras ambiciones egoístas y soberbia. Señor, te pido que nos hagas uno, así como el Padre y tú son uno,* (vea Juan 17). *Permite que nos consideremos los unos a los otros mejores que nosotros mismos. Permite que identifiquemos cada don y que no pasemos por encima de nuestra medida de mando. Que cada persona se alinee en su rango y columna adecuada como el ejército del Señor. Permite que colaboremos y seamos creativos para avanzar el reino de Dios en nuestras esferas de influencia.*

Yo ordeno que se derrumbe todo muro de división y sospecha entre los hombres y las mujeres en liderazgo. Hay resguardo en los números. No seré una mujer apartada ni me quedaré fuera de la protección de un

equipo. Elijo confiar en aquellos que están en liderazgo sobre mí. No soy el plan alternativo de Dios. He sido llamada específica e intencionalmente, ungida y nombrada para cumplir los propósitos del reino de Dios en la tierra. En el nombre de Jesús, amén.

SU TURNO

Use el espacio de abajo para escribir sus propias oraciones y declaraciones:

_____

_____

_____

_____

_____

_____

_____

_____

_____

_____

_____

_____

_____

_____

CONVIÉRTASE EN UNA BUENA LÍDER

ESCRITURAS

Mas Jesús, llamándolos, les dijo: Sabéis que los que son tenidos por gobernantes de las naciones se enseñorean de ellas, y sus grandes ejercen sobre ellas potestad. Pero no será así entre vosotros, sino que el que quiera hacerse grande entre vosotros será vuestro servidor, y el que de vosotros quiera ser el primero, será siervo de todos. Porque el Hijo del Hombre no vino para ser servido, sino para servir, y para dar su vida en rescate por muchos.

—MARCOS 10:42–45

Nada hagáis por contienda o por vanagloria; antes bien con humildad, estimando cada uno a los demás como superiores a él mismo; no mirando cada uno por lo suyo propio, sino cada cual también por lo de los otros.

—FILIPENSES 2:3–4

Cada uno según el don que ha recibido, minístrelo a los otros, como buenos administradores de la multiforme gracia de Dios.

—1 PEDRO 4:10

DECLARACIONES

Fui creada para manifestar el gobierno y reino de Dios.

Dios me creó con el don de liderazgo para influenciar e impactar al mundo.

Como una líder-sierva, procuraré servir al pueblo de Dios en lugar de que me sirva a mí.

Dios me levantó y colocó en una posición de liderazgo.

Dejaré que el Espíritu Santo me forme como líder.

Como líder, procuraré servir al pueblo de Dios, no ser servida.

ORACIÓN

Señor, te pido que despiertes del don de liderazgo dentro de mí. Deseo guiar a tu pueblo con toda diligencia, rectitud e integridad. Permíteme ser una líder que te representa a ti y a tu carácter. Permíteme ser una líder que dice la verdad en amor, supliendo las necesidades de tu pueblo, (vea Romanos 12:8).

Permite que mi vida refleje el estándar santo del reino. Dame la gracia para estar frente a tu pueblo, guiándolo con tu corazón y propósito.

Permite que tu unción y gracia reposen sobre mí para que diga palabras de ánimo, corrección, dirección, visión y propósito. Dame ojos para ver el potencial que has puesto en tu pueblo. Dame la sabiduría para dirigirlo hacia el camino recto. Dame el conocimiento para instruirlo y capacitarlo para que sea un guerrero poderoso con un corazón que sirva tu propósito.

Su turno

Use el espacio de abajo para escribir sus propias oraciones y declaraciones:

_____

_____

_____

_____

_____

_____

_____

_____

_____

_____

_____

_____

_____

_____

_____

_____

_____

DIGA PALABRAS SABIAS

ESCRITURAS

Si tuvieran razón, no me ofendería; ¡pero ustedes me acusan y no tienen pruebas!

—JOB 6:25, TLA

¡Cuán dulces son a mi paladar tus palabras! Más que la miel a mi boca.

—SALMO 119:103

La muerte y la vida están en poder de la lengua.

—PROVERBIOS 18:21

Ninguna palabra corrompida salga de vuestra boca, sino la que sea buena para la necesaria edificación, a fin de dar gracia a los oyentes.

—EFESIOS 4:29

Sea vuestra palabra siempre con gracia, sazonada con sal, para que sepáis cómo debéis responder a cada uno.

—COLOSENSES 4:6

DECLARACIONES

¡Mi boca es un pozo de vida, y sus palabras llevan sanidad y plenitud al herido! (vea Proverbios 10:11).

Yo decreto que la sabiduría se halla en mis labios y que soy una mujer de entendimiento (vea Proverbios 10:13).

Diré palabras que edifican, exhortan y consuelan a aquellos en mi esfera de influencia (vea 1 Corintios 14:3).

Mi lengua será como la pluma de un hábil poeta escribiendo los planes y propósito de Dios en el corazón de aquellos a quienes yo puedo influenciar (vea Salmo 45:1, NTV).

Seré una mujer que refrena sus labios y demuestra sabiduría (vea Proverbios 10:19).

Mis labios alimentarán a muchos con la verdad y el entendimiento (vea Proverbios 10:21).

ORACIÓN

Señor, tu Palabra declara que las palabras justas son contundentes. Permíteme decir palabras que sean apropiadas para cada ocasión. Enséñame, Señor, a controlar mi lengua. Haz que yo sepa dónde me he equivocado. Me arrepiento de la injusticia en mi lengua. (Vea Job 6:24–25, 30). Señor, muéstrame las áreas donde mis palabras han causado confusión, conflicto y división. Te pido que pongas tus palabras dulces en mi boca y que yo pueda llevar paz y ánimo a aquellos en mi esfera de influencia. Que las palabras de mi boca y los pensamientos de mi corazón sean puros y aceptables delante de ti (Salmo 19:14). Te pido que crees en mí un corazón limpio y renueves en mí un espíritu recto (Salmo 51:10). Me arrepiento del chisme, murmuración y de decir palabras que contaminan. Te pido, querido Señor, que, así como lo hiciste con Isaías, tomes un carbón de tu altar y toques mis labios. Deja que el fuego del Espíritu Santo queme toda iniquidad en mi corazón y limpie mi boca de pecado (Isaías 6:6–7). *Permite que mi hablar sea con gracia, sazonado con sal, que yo sepa cómo responder con sabiduría* (Colosenses 4:6). *Permíteme ser una mujer que es rápida para escuchar, lenta para hablar y lenta para enojarse* (Santiago 1:19).

SU TURNO

Use el espacio de abajo para escribir sus propias oraciones y declaraciones:

_____

_____

_____

_____

_____

_____

_____

_____

_____

_____

_____

_____

BUSQUE LA JUSTICIA

ESCRITURAS

Muchos buscan el favor del gobernante, pero la justicia proviene del Señor.

—PROVERBIOS 29:26, NTV

Aprended a hacer el bien; buscad el juicio, restituid al agraviado, haced justicia al huérfano, amparad a la viuda.

—ISAÍAS 1:17

Pero corra el juicio como las aguas, y la justicia como impetuoso arroyo.

—AMÓS 5:24

Oh hombre, él te ha declarado lo que es bueno, y qué pide Jehová de ti: solamente hacer justicia, y amar misericordia, y humillarte ante tu Dios.

—MIQUEAS 6:8

El Espíritu del Señor está sobre mí, por cuanto me ha ungido para dar buenas nuevas a los pobres; Me ha enviado a sanar a los quebrantados de corazón; A pregonar libertad a los cautivos, y vista a los ciegos; A poner en libertad a los oprimidos.

—LUCAS 4:18

La religión pura y sin mácula delante de Dios el Padre es esta: Visitar a los huérfanos y a las viudas en sus tribulaciones, y guardarse sin mancha del mundo.

—Santiago 1:27

Declaraciones

Hoy, procuraré la justicia e integridad para todos (Isaías 1:17).

Me pronunciaré por aquellos que no pueden hacerlo por sí mismos; seré la voz de quienes no la tienen. (Vea Proverbios 31:8–9).

Decido alimentar al hambriento y ayudar al enfermo.

Clamaré por justicia y paz, me pondré en la brecha por aquello que lo necesitan.

Denunciaré las injusticas.

Me arrepiento de las injusticias que yo he causado aun si no las cometí conscientemente.

Provocaré la justicia de Dios a través de la oración (Isaías 58:2).

No me quedaré callada. Abriré mi boca y diré la verdad del Señor. Seré la voz de quienes no la tienen.

Decreto que toda mordaza es quitada de mi boca. Por el poder de tu Espíritu, permite que todo bozal de temor sea removido de mi boca. Seré la voz de la justicia.

Oraciones

Dios, tu Palabra promete entrar con poder en aquellos que reciben el ayuno escogido de Dios (Isaías 58:6–12). Padre, te pido que demuestres tu poder y justicia para las mujeres a nivel mundial. Permite que la luz de tu poder avance como el amanecer. Que la sanidad y liberación sean encendidas para acabar con la opresión de las mujeres y las niñas. Señor, la rectitud y la justicia son el fundamento de tu trono; permite que la rectitud sea extendida a las mujeres. Señor, levanta libertadores que ejecuten la justicia que ayudará a aliviar a las mujeres de la atadura que resulta de las leyes opresivas y las barreras sociales que han sido creadas durante décadas o siglos. Señor, permite que las personas en posiciones gubernamentales les den a las mujeres una voz en el proceso de toma de decisiones. Que las mujeres en todo el mundo tengan el poder para romper ataduras de maldad y cargas pesadas. Que todo yugo sea destruido.

Señor, dame ideas creativas para saber cómo ayudar a los oprimidos. Soñaré en grande y romperé paradigmas. Yo creo que el cambio es posible, y quiero ser parte de la solución. Señor, muéstrame maneras creativas para aumentar la consciencia de los problemas de las mujeres.

Las mujeres en nuestro mundo enfrentan muchas injusticias. Aquí, estoy ofreciendo un sacrificio de oración para uno de esos problemas: la trata. Debe estar consciente de que hay muchos otros problemas que enfrentan las mujeres, incluyendo: violencia doméstica, desigualdad educativa, problemas de salud y falta de poder económico. Diga la siguiente oración en favor de las víctimas de la trata, pero no se olvide de los otros problemas que las mujeres enfrentan hoy en día.

Señor, oro para que termine el tráfico humano en todas partes del mundo. Señor, oro para que la luz de tu gloria exponga todo lo que se hace en la oscuridad. Que el problema del tráfico sexual sea llevado ante nuestra nación. Levanta voces por las víctimas sin voz. Permite que el público sea instruido acerca del problema. Oro por las organizaciones rectas que procuran llevar esta tragedia social a su fin para que puedan tener todos los recursos y crear una consciencia social dando paso a la erradicación del tráfico sexual alrededor del mundo. En el nombre de Jesús lo pido, amén.

Su turno

Use el espacio de abajo para escribir sus propias oraciones y declaraciones:

_____

_____

_____

_____

PÍDALE A DIOS

ESCRITURAS

También les dijo: Supongamos que uno de vosotros tiene un amigo, y va a él a medianoche y le dice: "Amigo, préstame tres panes, porque un amigo mío ha llegado de viaje a mi casa, y no tengo nada que ofrecerle"; y aquél, respondiendo desde adentro, le dice: "No me molestes; la puerta ya está cerrada, y mis hijos y yo estamos acostados; no puedo levantarme para darte nada". Os digo que aunque no se levante a darle algo por ser su amigo, no obstante, por su importunidad se levantará y le dará cuanto necesite. Y yo os digo: Pedid, y se os dará; buscad, y hallaréis; llamad, y se os abrirá. Porque todo el que pide, recibe; y el que busca, halla; y al que llama, se le abrirá.

—LUCAS 11:5–10, LBLA

Y todo lo que pidiereis al Padre en mi nombre, lo haré, para que el Padre sea glorificado en el Hijo. Si algo pidiereis en mi nombre, yo lo haré.

—JUAN 14:13–14

Por nada estéis afanosos, sino sean conocidas vuestras peticiones delante de Dios en toda oración y ruego, con acción de gracias. Y la paz de Dios, que sobrepasa todo entendimiento, guardará vuestros corazones y vuestros pensamientos en Cristo Jesús.

—FILIPENSES 4:6–7

DECLARACIONES

Dios desea darme buenas cosas.

Cuando yo pida por algo en el nombre de Jesús, mi petición será respondida (Juan 14:13–14).

Daré a conocer mis peticiones a Dios.

ORACIÓN

Padre, te pido por la salvación de las naciones de la tierra. Tú dijiste que, si te pedíamos, nos darías por herencia las naciones y las partes más recónditas de la tierra serían nuestras posesiones. Señor, salva nuestra tierra. Me humillo a mí misma. Vengo ante ti orando y clamando, pues tú sanarás nuestra tierra. Me arrepiento de mis malos caminos. Señor, perdónanos por ser orgullosos y de corazón duro. Te pido que traigas un avivamiento y un despertar espiritual. Permite que tu rostro resplandezca sobre nosotros. Señor, necesitamos tu sabiduría en nuestra tierra. Yo ato todo demonio del anticristo que esté suelto en las naciones de la tierra. Padre, trae paz a nuestras naciones. Permite que Jesús, el Príncipe de paz, sea predicado en cada nación de la tierra. Permite que se levante la generación de grandes obras, aquellos que predicarán el evangelio con poder y maravillas, aquellos que no transigirán tu estándar de rectitud.

Su turno

Use el espacio de abajo para escribir sus propias oraciones y declaraciones:

_____

_____

_____

_____

_____

_____

_____

_____

_____

_____

_____

_____

_____

_____

_____

_____

_____

_____

SIRVA A LOS DEMÁS

ESCRITURAS

El que es el mayor de vosotros, sea vuestro siervo.

—MATEO 23:11

Un mandamiento nuevo os doy: Que os améis unos a otros; como yo os he amado, que también os améis unos a otros.

—JUAN 13:34

Amaos los unos a los otros con amor fraternal; en cuanto a honra, prefiriéndoos los unos a los otros.

—ROMANOS 12:10

Porque vosotros, hermanos, a libertad fuisteis llamados; solamente que no uséis la libertad como ocasión para la carne, sino servíos por amor los unos a los otros.

—GÁLATAS 5:13

Cada uno según el don que ha recibido, minístrelo a los otros, como buenos administradores de la multiforme gracia de Dios.

—1 PEDRO 4:10

Si alguno dice: Yo amo a Dios, y aborrece a su hermano, es mentiroso. Pues el que no ama a su hermano a quien ha visto, ¿cómo puede amar a Dios a quien no

ha visto? Y nosotros tenemos este mandamiento de él:
El que ama a Dios, ame también a su hermano.

—1 JUAN 4:20–21

DECLARACIONES

Procuraré servir al pueblo de Dios.

Amaré a mi prójimo tal como Dios me ha amado (Juan 13:34).

Siempre seré la primera en servir, y me ocuparé de que los individuos que me rodean crezcan.

Dios me ha dado un don, lo usaré para servir a los demás y para mostrarles el amor del Señor (1 Pedro 4:10).

Serviré a mis hermanos y hermanas por amor a ellos y a Dios (Romanos 12:10).

ORACIÓN

Señor, abre puertas de oportunidad para que yo le muestre tu amor a mi prójimo. Muéstrame a dónde puedo llevar rectitud, paz y gozo para esta generación. Muéstrame quién necesita oración hoy, quién necesita una palabra de ánimo o dónde puedo ser voluntaria. Guíame en estos caminos de justicia.

SU TURNO

Use el espacio de abajo para escribir sus propias oraciones
y declaraciones:

_____

_____

_____

_____

_____

_____

_____

_____

_____

_____

_____

_____

_____

_____

_____

_____

_____

_____

Parte IV

PROFUNDICE

E L LEÓN RUGE por naturaleza, así es como demuestra su fuerza y poder. Como mujeres de Dios, tenemos al León de Judá viviendo dentro de nosotras, y cuando pronunciamos valientemente la palabra que Dios nos ha dado, ese es el rugido del León.

Dios tiene un plan estratégico para un avivamiento y reforma donde las mujeres van a jugar un papel importante. Vivimos en un tiempo en que Dios está llamando y obrando a través de las mujeres para cumplir sus planes redentores para la humanidad. Algunas estarán en las primeras líneas de la sociedad, en tanto que otras llevarán vidas consagradas de oración como su tarea primordial.

Dios está facultando y capacitando a mujeres resueltas y determinadas para encontrar su llamado y tarea en la Gran Comisión. Dios está llamando mujeres ordinarias a su trabajo extraordinario. Las mujeres serán una señal y maravilla de la grandeza y el amor redentor de Dios para esta generación. El Espíritu Santo facultará a las mujeres para hacer proezas y cumplir sus propósitos. La tarea de cada mujer es única, pero hay un aspecto que siempre es el mismo: ella está en una misión con Dios para destruir las obras del diablo en esta generación.

Las líneas de la batalla están siendo trazadas, y hay un rugido que sale de Sion, que es femenino, fuerte y lleno de compasión. Este rugido proviene de mujeres ungidas para predicar el evangelio del reino, profetizar la palabra del Señor y hacer oraciones que toquen los cielos y cambien la tierra. Use las oraciones y declaraciones en esta sección para recibir el llamado maravilloso de Dios. Él la está llamando a vivir como su embajadora entre las naciones, esparciendo su amor y marcando una diferencia eterna en la vida de aquellos en su esfera de influencia.

PROCURE LA UNCIÓN

ESCRITURAS

Has amado la justicia y aborrecido la maldad; Por tanto, te ungió Dios, el Dios tuyo, con óleo de alegría más que a tus compañeros.

—SALMO 45:7

Derramaré mi Espíritu sobre toda carne, y profetizarán vuestros hijos y vuestras hijas; vuestros ancianos soñarán sueños, y vuestros jóvenes verán visiones.

—JOEL 2:28

Yo a la verdad os bautizo en agua para arrepentimiento; pero el que viene tras mí, cuyo calzado yo no soy digno de llevar, es más poderoso que yo; él os bautizará en Espíritu Santo y fuego.

—MATEO 3:11

Y el que nos confirma con vosotros en Cristo, y el que nos ungió, es Dios, el cual también nos ha sellado, y nos ha dado las arras del Espíritu en nuestros corazones.

—2 CORINTIOS 1:21–22

Pero vosotros tenéis la unción del Santo, y conocéis todas las cosas…Pero la unción que vosotros recibisteis de él permanece en vosotros, y no tenéis necesidad de que nadie os enseñe; así como la unción misma os enseña todas las cosas, y es verdadera, y no es mentira, según ella os ha enseñado, permaneced en él.

—1 Juan 2:20, 27

DECLARACIONES

El Señor me ungirá para cumplir su llamado en mi vida.

Yo decreto que toda mordaza es arrancada de mi boca.

Seré valiente en el Señor.

Me pronunciaré contra la injusticia.

Seré una portavoz del Señor.

Oraré y predicaré.

Seré una voz para quienes no la tienen.

Le profetizaré a mi generación.

Predicaré la Palabra de Dios seguida de señales y maravillas.

Soy una llama viva de amor.

ORACIONES

Padre, clamo a ti por unción, por una impartición del espíritu de gracia y súplica. Creo que las oraciones eficaces del justo hacen que tu poder celestial esté disponible sobre la tierra. Dejo a un lado mis sueños y planes para dedicarme a tu agenda y las tareas que me has asignado. Sé que tus planes para mí son de bien y no de mal. Tus planes para la tierra son de bien y no de mal. Señor, úngeme para asociarme contigo en el cumplimiento de la Gran Comisión. La esperanza de mi futuro la encuentro en tu presencia. Deja que el poder del Espíritu Santo llene cada área de mi vida con tu sabiduría y valentía. Amén.

Señor, te pido que envíes tu fuego a mi vida. Bautiza mi corazón con el fuego de tu amor. Pon tu sello de amor sobre mi corazón. Bautízame con el Espíritu Santo y fuego. Consume todo mi ser con el fuego de tu presencia. Señor, sé un muro de fuego alrededor de mi vida y la gloria en medio de ella. Permíteme hablar en lenguas de fuego, declarando tu Palabra a mi generación. Que los dones proféticos sean activados en mi vida. Dame una palabra de sabiduría, de conocimiento, para los perdidos. Permíteme predicar tu Palabra con fuego y convicción. Permíteme mover en los dones de sanidad y liberación. ¡Que mis palabras sean una demostración del Espíritu y poder! Mi fe no estará en la sabiduría humana sino en el poder de Dios. Permite que yo sea un vaso de amor y misericordia para aquellos que buscan ser redimidos.

Señor, te pido que despiertes en mí el llamado que tienes para mi vida. Quita toda atadura de temor de mi corazón y mi mente. Permite que tu sabiduría y valentía descansen sobre mí. Levántame del sueño. Deja que ande prudentemente. Me desato de la pasividad y

la apatía. Permíteme estar alerta a tu voz. Deja que esté consciente de tu propósito.

Te agradezco, Señor, porque tú eres un Dios extraordinario y cumplirás cosas extraordinarias a través de mí. Me aparto de las limitaciones autoimpuestas. Rompo con toda limitación que el enemigo ha puesto en mi vida y que ha impedido encontrar mi potencial total.

Ya no seré engañada ni atrapada por las tradiciones y opiniones humanas. ¡Pues he sido creada para la grandeza! Fui creada para llevar la gloria de Dios por toda la tierra. Me levantaré y estaré radiante por la gloria del Señor. Seré un faro de esperanza encendido para muchos de los que están en total oscuridad.

Señor, dame palabras de sabiduría para guiar e influenciar a muchos. ¡No me quedaré callada! ¡Romperé toda conspiración demoniaca diseñada para hacerme callar! No permitiré que los errores del pasado y las decepciones me hagan callar. Abriré mi boca ampliamente, y Dios, tú la llenarás.

Dios, dame ideas, sabiduría y conceptos para llevar liberación a muchos. Me has ungido para impartir gracia a quienes están en mi esfera de influencia. Las palabras que yo diga impartirán vida a una generación lastimada. No estoy en este mundo por casualidad. No estoy en esta década por casualidad. Provoco y activo una unción a través de esta oración y declaración. En el nombre de Jesús. Amén.

Su turno

Use el espacio de abajo para escribir sus propias oraciones y declaraciones:

_____

_____

_____

_____

_____

_____

_____

_____

_____

_____

_____

_____

_____

_____

_____

_____

_____

_____

RECLAME LA VICTORIA

ESCRITURAS

Porque Jehová vuestro Dios va con vosotros, para pelear por vosotros contra vuestros enemigos, para salvaros.

—DEUTERONOMIO 20:4

Estas cosas os he hablado para que en mí tengáis paz. En el mundo tendréis aflicción; pero confiad, yo he vencido al mundo.

—JUAN 16:33

Por tanto, tomad toda la armadura de Dios, para que podáis resistir en el día malo, y habiendo acabado todo, estar firmes.

—EFESIOS 6:13

Mas gracias sean dadas a Dios, que nos da la victoria por medio de nuestro Señor Jesucristo.

—1 CORINTIOS 15:57

DECLARACIONES

Soy triunfadora y no víctima.

Soy la novia de Cristo; no viviré en derrota.

Jesús ya ganó la victoria.

Oraré para tener victoria en mi vida.

Me pondré la armadura de Dios para provocar la victoria en mi vida (Efesios 6:11).

El favor de Dios me asegura la victoria en cualquier situación. Los enemigos de mi destino no pueden triunfar sobre mí porque Dios está conmigo (Salmo 44:3).

ORACIÓN

Padre, ayúdame a entender que yo soy tu novia. Libera tu poder y gloria sobre mi vida. Soy tu arma de indignación. Alzaré mi voz al cielo hasta que vea un avivamiento en la tierra. Las tinieblas sobre la tierra no me moverán, intimidarán ni me harán sentir temor. Permite que la luz de tu gloria llene la tierra. En cualquier adversidad que pueda enfrentar elijo vencer por el poder de tu amor. Amén.

SU TURNO

Use el espacio de abajo para escribir sus propias oraciones y declaraciones:

_____

_____

_____

_____

_____

_____

_____

_____

VUÉLVASE VIGILANTE

ESCRITURAS

Sobre mi guarda estaré, y sobre la fortaleza afirmaré el pie, y velaré para ver lo que se me dirá, y qué he de responder tocante a mi queja.

—HABACUC 2:1

Hijo de hombre, yo te he puesto por atalaya a la casa de Israel; oirás, pues, tú la palabra de mi boca, y los amonestarás de mi parte.

—EZEQUIEL 3:17

Bienaventurado el hombre que me escucha, velando a mis puertas cada día, aguardando a los postes de mis puertas.

—PROVERBIOS 8:34

DECLARACIONES

Permaneceré vigilante y oraré con perseverancia.

Estaré alerta y esperaré en la presencia del Señor para recibir sus instrucciones para esta generación.

Seré una vigilante de esta generación.

ORACIÓN

Señor, oro para que tú me pongas como vigilante en el muro de oración. Despierta mi corazón para que yo pueda clamar por mi generación. Quebranta mi corazón con aquello que quebranta el tuyo. Señor, no quiero ser religiosa; quiero ser recta. Tú dijiste que la oración eficaz, ferviente, del justo hace que un poder tremendo esté disponible. Que tu gracia venga sobre mí para estar alerta y orar. Permíteme ser sensible a tu guía e instrucción. Abre mis ojos, oídos y corazón para percibir tu voz en esta hora. Déjame estar conectada con tu Espíritu. Quiero conocer los tiempos y las épocas del cielo. Permíteme conectarme con tus movimientos sobre la tierra. Dame visión profética, discernimiento y entendimiento. Aparto de mi vida toda apatía para orar. Tu palabra dice que a menos que el Señor proteja la ciudad, el vigilante permanece despierto en vano. Señor, yo quiero asociarme y colaborar contigo. Ponme en el puesto de vigilancia que has asignado para mí.

SU TURNO

Use el espacio de abajo para escribir sus propias oraciones y declaraciones:

INTERCEDA

ESCRITURAS

Dios estaba en Cristo reconciliando consigo al mundo, no tomándoles en cuenta a los hombres sus pecados, y nos encargó a nosotros la palabra de la reconciliación. Así que, somos embajadores en nombre de Cristo, como si Dios rogase por medio de nosotros; os rogamos en nombre de Cristo: Reconciliaos con Dios. Al que no conoció pecado, por nosotros lo hizo pecado, para que nosotros fuésemos hechos justicia de Dios en él.

—2 CORINTIOS 5:19–21

Orando en todo tiempo con toda oración y súplica en el Espíritu, y velando en ello con toda perseverancia y súplica por todos los santos.

—EFESIOS 6:18

Y Cristo, en los días de su carne, ofreciendo ruegos y súplicas con gran clamor y lágrimas al que le podía librar de la muerte, fue oído a causa de su temor reverente.

—HEBREOS 5:7

Mas éste, por cuanto permanece para siempre, tiene un sacerdocio inmutable; por lo cual puede también salvar perpetuamente a los que por él se acercan a Dios, viviendo siempre para interceder por ellos.

—HEBREOS 7:24–25

Exhorto ante todo, a que se hagan rogativas, oraciones, peticiones y acciones de gracias, por todos los hombres.

—1 TIMOTEO 2:1

DECLARACIONES

Amaré a mi prójimo como a mí misma.

Me pondré en la brecha entre el Señor y su misericordia y la gente y las naciones que necesitan a Dios.

Como intercesora, me identificaré ante aquellos por quienes estoy orando y abogaré por su causa ante el trono de Dios.

Moriré a mí misma y daré mi vida por otros en oración.

Llevaré el pecado en oración ante el trono de gracia para obtener misericordia a favor del pecador.

Intercederé por individuos, así como por naciones y ciudades.

Declaraciones y decretos por mi familia y generaciones futuras

Decreto que la descendencia de los justos será librada de toda argucia del diablo contra su destino (Proverbios 11:21).

Decreto que la generación de los justos será bendecida. En nuestra casa habrá prosperidad y riquezas, y nuestra justicia durará para siempre (Salmo 112:3).

Rompo con toda limitación que el enemigo haya puesto contra la vida de mis descendientes. Decreto que ellos vivirán y no morirán y que declararán las obras del Señor (Salmo 118:17).

Declaro que ningún arma forjada contra mi línea familiar prosperará (Isaías 54:17).

Decreto incremento, expansión y engrandecimiento en la tierra (Salmo 115:14–16).

Decreto que la misericordia y paz eterna de Dios descansará sobre mis hijos (Isaías 54:13).

Decreto que la bondad y la misericordia del Señor seguirán a mis hijos todos los días de su vida y ellos habitarán en la casa del Señor para siempre (Salmo 23:6).

Decreto que toda mi familia será salva (Hechos 16:31).

Decreto que mis descendientes serán poderosos sobre la tierra (Salmo 112:2).

Decreto que a mis hijos se les enseñará del Señor Jesucristo (Isaías 54:13).

Decreto que mis hijos y los hijos de mis hijos adorarán el nombre del Señor Jesucristo (Salmo 145:4).

Declaraciones y decretos para mi ciudad

Decreto paz en las calles de mi ciudad (Deuteronomio 20:10).

Decreto que cada asignación de violencia y muerte en mi ciudad será rota (Salmo 55:9).

Decreto que el río de Dios fluye en mi ciudad (Salmo 46:4).

Decreto que la voz del Señor se escucha en mi ciudad (Salmo 29:3).

Decreto que mi ciudad pertenece a Jesús, el gran Rey (Salmo 48:2).

Decreto que el Señor defiende mi ciudad (Isaías 37:35).

Decreto que los negocios en mi ciudad florecen como el pasto de la tierra (Salmo 72:16).

Decreto que el Señor guarda mi ciudad (Salmo 127:1).

Decreto que el justo tiene favor en mi ciudad (Proverbios 11:10).

Decreto que el Señor no desamparará mi ciudad (Isaías 62:12).

Decreto que surgirá un avivamiento en mi ciudad.

Decreto que el poder de Dios es liberado en mi ciudad.

Decreto que se desata un gran gozo sobre mi ciudad (Hechos 8:8).

Decreto que una multitud de personas serán salvas en mi ciudad (Hechos 18:10).

Decreto que Dios es el edificador y hacedor de mi ciudad (Hebreos 11:10).

Decreto que el nombre espiritual de mi ciudad es "El Señor está allí" (Ezequiel 48:35).

ORACIONES

Señor, te pido que hagas de mí una casa de oración. Creo que la identidad principal de la iglesia es ser una casa de oración para todas las naciones. Señor, el clamor de mi corazón es "Hazme una casa de oración". Espíritu Santo, lléname del conocimiento de tu voluntad en sabiduría y entendimiento espiritual. Señor, permite que yo sea un vaso usado para tu gloria. Dame la gracia para trabajar en intercesión para desatar tu poder para ganar a los perdidos, revivir a la iglesia e impactar a la sociedad con el evangelio. Me rindo al Espíritu Santo mientras Él me ayuda con mis debilidades y me enseña a orar. Dame un espíritu firme, enfocado. Deseo ofrecerte mi vida como una ofrenda. Que los días de mi vida sirvan tus propósitos. Amén.

Oración de intercesión por mi ciudad y nación

Señor, decreto que mi país, mi nación y mi gente te pertenecen. Te pido, Padre, que bendigas a mi nación. Permite que las creencias y la moral de tu reino sean establecidas. Señor, me humillo a mí misma. Oro, busco tu rostro, me arrepiento de mis malos caminos y te pido que sanes mi tierra. Te pido que vengas y hagas llover justicia en la tierra. Que toda la maldad y la perversión sean limpiadas de mi tierra. Señor, despierta los corazones humanos a tu amor. Que el poder de ser redargüidos vuelva a los púlpitos. Permite que los pastores prediquen el evangelio de tu reino.

Permite que haya una consciencia creciente de tu presencia, Dios, y un nuevo apetito por la rectitud. Padre, deseo ver tu gloria cubrir la tierra como las aguas cubren el mar. Deja que tu presencia manifiesta regrese a la tierra.

Permite que surja un avivamiento en mi país. Que el reino de Dios entre con poder. Que los milagros, señales y maravillas sean liberados en mi tierra. Que todo tipo de enfermedad y padecimiento sea sanado. Que la fama de Jesús se esparza por toda esta nación, de costa a costa. En el nombre de Jesús te lo pido. Amén.

SU TURNO

Use el espacio de abajo para escribir sus propias oraciones y declaraciones:

_____

_____

_____

_____

_____

_____

_____

_____

_____

_____

BUSQUE AVIVAMIENTO

ESCRITURAS

Crea en mí, oh Dios, un corazón limpio, y renueva un espíritu recto dentro de mí.

—SALMO 51:10

¿No volverás a darnos vida, para que tu pueblo se regocije en ti?

—SALMO 85:6

Así que, arrepentíos y convertíos, para que sean borrados vuestros pecados; para que vengan de la presencia del Señor tiempos de refrigerio, y él envíe a Jesucristo, que os fue antes anunciado.

—HECHOS 3:19–20

DECLARACIONES

Humildemente espero y procuro un avivamiento.

Me prepararé por medio del arrepentimiento para que suceda un avivamiento en mi vida, mi iglesia, mi comunidad y mi nación.

El Señor me renovará y me llevará a un avivamiento en Él (Salmo 51:10).

ORACIONES

Padre, reconcilia mi corazón para que tema tu nombre. Tú dijiste en tu Palabra que son bienaventurados los que tienen hambre y sed de justicia, pues ellos serán satisfechos. Dame el don del hambre. Vacíame de la religión y las tradiciones humanas. Sácame del molde limitante de la religión. Líbrame de la religión muerta, seca. Mi alma está sedienta de ti en una tierra seca y agotada. Vengo al pozo de tu Espíritu y te pido que me des de beber. Dame agua de vida. Brota, oh pozo, dentro de mí. Deja que la fuente de agua brote en una fuente de vida eterna.

Espíritu Santo, ¡te necesitamos! ¡No hay avivamiento sin ti! Te pido que liberes una oración unificada por toda la tierra. Que el espíritu de gracia y súplica encienda los corazones humanos con pasión por el Dios vivo. Levanta una generación que clame día y noche como Ana y que no te dé descanso hasta que el conocimiento de la gloria del Señor cubra la tierra como las aguas cubren el mar. Permite que un espíritu de oración genuino, producido por el Espíritu Santo, sea liberado sobre esta generación.

Padre, te pido un avivamiento continuo en la tierra. Que tu presencia y tu gloria cubran la tierra como las aguas cubren el mar. Señor, te pedimos que restituyas tu poder en la iglesia. Que sean desatados los milagros, señales y maravillas. Que el poder del Señor esté presente para sanar. Sanar familias, relaciones y corazones rotos. Permite que el avivamiento empiece *en el corazón de cada creyente. Que haya un nuevo compromiso para ver la reforma en la iglesia. Permite que se planten nuevas iglesias. Permite que nazcan nuevos ministerios para cubrir las necesidades de esta generación.*

SU TURNO

Use el espacio de abajo para escribir sus propias oraciones y declaraciones:

_____

_____

_____

_____

_____

_____

_____

_____

_____

_____

_____

_____

_____

_____

RECURRA AL ESPÍRITU SANTO

ESCRITURAS

Y yo rogaré al Padre, y os dará otro Consolador, para que esté con vosotros para siempre: el Espíritu de verdad, al cual el mundo no puede recibir, porque no le ve, ni le conoce; pero vosotros le conocéis, porque mora con vosotros, y estará en vosotros.

—JUAN 14:16–17

Mas el Consolador, el Espíritu Santo, a quien el Padre enviará en mi nombre, él os enseñará todas las cosas, y os recordará todo lo que yo os he dicho.

—JUAN 14:26

De repente vino del cielo un ruido como el de una rá-faga de viento impetuoso que llenó toda la casa donde estaban sentados, y se les aparecieron lenguas como de fuego que, repartiéndose, se posaron sobre cada uno de ellos. Todos fueron llenos del Espíritu Santo y comen-zaron a hablar en otras lenguas, según el Espíritu les daba habilidad para expresarse.

—HECHOS 2:2–4, LBLA

Y de igual manera el Espíritu nos ayuda en nuestra de-bilidad; pues qué hemos de pedir como conviene, no lo sabemos, pero el Espíritu mismo intercede por noso-tros con gemidos indecibles. Mas el que escudriña los corazones sabe cuál es la intención del Espíritu, porque conforme a la voluntad de Dios intercede por los santos. Y sabemos que a los que aman a Dios, todas las cosas les ayudan a bien, esto es, a los que conforme a su propósito son llamados.

—Romanos 8:26–28

Declaraciones

El Espíritu que levantó a Cristo de los muertos ¡vive dentro de mí!

El poder del Espíritu puede aplicarse a toda circunstancia que yo enfrente.

Escucharé la voz del Espíritu Santo mientras me revela los planes que Dios ha puesto en mi espíritu.

Oración

Padre, te pido que derrames el espíritu de gracia y súplica sobre mi vida. Que yo pueda hacer oraciones eficaces y fervientes. Espíritu Santo, ayúdame a interceder incesantemente por los perdidos. Que la gracia de Dios llene mi vida. Ayúdame a orar según tu sentir y pensar por las ciudades y naciones. Llena de gracia mis oraciones. Restaura el espíritu de súplica en tu iglesia. Espíritu Santo, enséñanos cómo hacer oraciones de súplica e intercesión para que podamos llevar vidas llenas de Dios y paz, comportándonos piadosa y reverentemente en la tierra. Padre, te pido que actives y liberes una gracia similar sobre toda una generación de

*mujeres. Permítenos orar hasta que el conocimiento de
la gloria del Señor cubra la tierra.*

SU TURNO

Use el espacio de abajo para escribir sus propias oraciones
y declaraciones:

_____

_____

_____

_____

_____

_____

_____

_____

_____

_____

_____

_____

_____

_____

_____

_____

_____

ENFRENTE LA GUERRA ESPIRITUAL

ESCRITURAS

Ninguna arma forjada contra ti prosperará.

—ISAÍAS 54:17

Porque las armas de nuestra milicia no son carnales, sino poderosas en Dios para la destrucción de fortalezas.

—2 CORINTIOS 10:4

Fortaleceos en el Señor, y en el poder de su fuerza. Vestíos de toda la armadura de Dios, para que podáis estar firmes contra las asechanzas del diablo. Porque no tenemos lucha contra sangre y carne, sino contra principados, contra potestades, contra los gobernadores de las tinieblas de este siglo, contra huestes espirituales de maldad en las regiones celestes. Por tanto, tomad toda la armadura de Dios, para que podáis resistir en el día malo, y habiendo acabado todo, estar firmes. Estad, pues, firmes, ceñidos vuestros lomos con la verdad, y vestidos con la coraza de justicia, y calzados los pies con el apresto del evangelio de la paz. Sobre todo, tomad el escudo de la fe, con que podáis apagar todos los dardos de fuego del maligno. Y tomad el yelmo de la salvación, y la espada del Espíritu, que es la palabra de Dios

—EFESIOS 6:10–17

Someteos, pues, a Dios; resistid al diablo, y huirá de vosotros.

—Santiago 4:7

Declaraciones

Cuando me someto a Dios, Satanás huye.

Me asociaré con el Espíritu para ponerme en la brecha e interceder por las almas de nuestras naciones y traer la voluntad del Señor a la tierra.

Con la armadura de Dios, puedo soportar los ataques del mal.

Oración

Señor, hazme una guerrera. Enséñales a mis manos a pelear y a mis dedos a hacer la guerra. Tomo la decisión de ponerme toda la armadura de Dios para que pueda soportar contra toda treta, truco y trampa del diablo. Abrocho con seguridad mi corazón y mente con el cinturón de la verdad. Soy una campeona de la verdad. Viviré en la verdad de tu Palabra. La verdad de tu Palabra me protegerá de todo engaño y seducción. Cubriré mi corazón con la coraza de justicia protegiéndome de toda tentación que pueda enfrentar en el mundo. Soy una predicadora de la justicia proclamando tu verdad al mundo. Tu rectitud y justicia son los fundamentos de tu trono. Te pido que permitas que tu justicia corra como un río en la tierra. Me pongo mis sandalias de la paz para que pueda ser una pacificadora a donde quiera que vaya. Yo tengo paz porque tú eres el Príncipe de paz. No tendré temor ni estaré ansiosa. Elijo confiar en ti. Tomo el escudo de la fe para apagar todo dardo del enemigo. Reprendo toda duda y engaño. Seré valiente y fuerte en el Señor y el poder de su fuerza. Amo lo que Dios ama y odio lo que Él odia. Peleo con Él, haciendo crecer su reino sobre la tierra. Me pongo el casco de la salvación para proteger mi mente. Viviré en el poder de mi salvación. Tomo la espada del Espíritu que es la Palabra diaria de Dios para mi vida.

SU TURNO

Use el espacio de abajo para escribir sus propias oraciones y declaraciones:

_____

_____

_____

_____

_____

_____

_____

_____

_____

_____

DISCIERNA LOS TIEMPOS

Escrituras

Todo tiene su tiempo, y todo lo que se quiere debajo del cielo tiene su hora. Tiempo de nacer, y tiempo de morir; tiempo de plantar, y tiempo de arrancar lo plantado; tiempo de matar, y tiempo de curar; tiempo de destruir, y tiempo de edificar; tiempo de llorar, y tiempo de reír; tiempo de endechar, y tiempo de bailar; tiempo de esparcir piedras, y tiempo de juntar piedras; tiempo de abrazar, y tiempo de abstenerse de abrazar; tiempo de buscar, y tiempo de perder; tiempo de guardar, y tiempo de desechar; tiempo de romper, y tiempo de coser; tiempo de callar, y tiempo de hablar; tiempo de amar, y tiempo de aborrecer; tiempo de guerra, y tiempo de paz.

—Eclesiastés 3:1–8

Hay un tiempo para todo lo que se quiere y para todo lo que se hace.

—Eclesiastés 3:17

Él muda los tiempos y las edades; quita reyes, y pone reyes.

—Daniel 2:21

No nos cansemos, pues, de hacer bien; que a su tiempo segaremos, si no hubiéremos desmayado.

—Gálatas 6:9, rva

Que prediques la palabra; que instes a tiempo y fuera de tiempo; redarguye, reprende, exhorta con toda paciencia y doctrina.

—2 Timoteo 4:2

Declaraciones

Dios conoce el tiempo correcto. Maduraré a través del tiempo; cuando sea el tiempo de Dios, estaré lista para su llamado.

Cuando sienta que mi llamado me agobia, seguiré diciendo "sí" a Dios.

Estoy facultada por el Espíritu Santo para cumplir el destino que Dios me dio en el tiempo de Él.

A través del aprendizaje para discernir los tiempos y las épocas, alinearé mis acciones con los planes del Señor.

Recibiré con agrado las pruebas de Dios porque sé que me prepararán para moverme en mi llamado en el momento adecuado.

Oraciones

Señor, te pido que hagas de mí una mujer que entienda el tiempo y las épocas. Ilumina los ojos de mi entendimiento. Ayúdame a equilibrar las épocas de mi vida. Hay una época y un momento para cada propósito. Gracias, Señor, por la unción de Isacar, la unción para entender los tiempos. (Vea 1 Crónicas 12:32). Señor, quiero hacer todo lo que tú has asignado en mi vida.

Permite que el espíritu de revelación y entendimiento sean liberados en mi vida.

Yo decreto que soy una mujer que anda en sincronización total con el reloj del cielo. Me libero de los espíritus de postergación. Decreto aceleración divina en mi vida. Ya no quiero quedarme atrás, tampoco quiero adelantarme a ti. Estaré en el lugar y momento correcto.

Decreto una alineación divina para mi deber. Decreto alineación en mis patrones de pensamiento. Decreto alineación en mi tiempo. No desperdiciaré el tiempo. Voy a maximizar cada momento para los propósitos del Señor.

Señor, quita de mi vida cualquier cosa que retrase tus propósitos. Quita todo lo que sea un obstáculo en mi vida para tu llamado, incluyendo personas y relaciones. Permíteme atraer personas que me impulsen a tus propósitos para mi vida. Señor, envía instructores y mentores que tengan palabras de sabiduría e instrucciones oportunas para mi vida.

Gracias, Señor, por señalar mis días y ordenar mis pasos. Me someto a tu tiempo. En el nombre de Jesús te lo pido. Amén.

Señor, tu Palabra dice que los hijos de Isacar eran expertos en discernir los tiempos y sabían lo que Israel debía hacer (1 Crónicas 12:32). Te pido que liberes

sobre mí esa misma gracia. Decreto que soy una mujer que discierne los tiempos en su vida. Me moveré en sincronización total con tu tiempo.

Señor, dame sabiduría como se la diste a los hijos de Isacar para discernir los tiempos en que vivo. Señor, te pido que me mantengas en perfecta sincronización con tu tiempo. No permitas que me adelante a tu proceso. Te pido gracia para soportar.

Señor, también te pido que pueda aprender los tiempos y la época de mi generación. Deseo entenderlos. Quiero entender mi cultura. Señor, te pido que me des una visión celestial para involucrar eficientemente a mi cultura. En el nombre de Jesús, amén.

SU TURNO

Use el espacio de abajo para escribir sus propias oraciones y declaraciones:

_____

_____

_____

_____

_____

_____

_____

_____

DISCIERNA LOS ESPÍRITUS

ESCRITURAS

Da, pues, a tu siervo corazón entendido para juzgar a tu pueblo, y para discernir entre lo bueno y lo malo; porque ¿quién podrá gobernar este tu pueblo tan grande? Y agradó delante del Señor que Salomón pidiese esto. Y le dijo Dios: Porque has demandado esto, y no pediste para ti muchos días, ni pediste para ti riquezas, ni pediste la vida de tus enemigos, sino que demandaste para ti inteligencia para oír juicio, he aquí lo he hecho conforme a tus palabras; he aquí que te he dado corazón sabio y entendido.

—1 REYES 3:9–12

Porque a éste es dada por el Espíritu palabra de sabiduría; a otro, palabra de ciencia según el mismo Espíritu;…a otro, discernimiento de espíritus.

—1 CORINTIOS 12:8–10

El alimento sólido es para los que son maduros, los que a fuerza de práctica están capacitados para distinguir entre lo bueno y lo malo.

—HEBREOS 5:14, NTV

Amados, no creáis a todo espíritu, sino probad los espíritus si son de Dios; porque muchos falsos profetas han salido por el mundo.

—1 JUAN 4:1

DECLARACIONES

Oraré pidiendo el don de discernimiento de espíritus para que el maligno no pueda usar espíritus malos de seducción y engaño en mi contra.

El Señor dará las buenas dádivas que le pida.

Dios me dará la sabiduría para discernir espíritus cuando lo pida en el nombre de Jesús.

ORACIONES

Señor, tu Palabra declara que, si yo te pido un don, tú me lo darás. Así que, Señor, te pido que me des el don de discernimiento de espíritus. Deja que el poder sobrenatural del Espíritu Santo se active en mí para detectar el ámbito de los espíritus y sus actividades. Permíteme tener la gracia para discernir entre el bien y el mal. Que tenga sabiduría espiritual para tus planes y revelación sobrenatural de los planes del enemigo. Facúltame con tu habilidad sobrenatural para discernir y detener los planes del enemigo en contra de mi vida y la vida de los demás. Dame un corazón sabio y entendido para que pueda discernir la justica. (Vea Mateo 7:7–11; Santiago 1:17; 1 Reyes 3:9–11).*

Señor, dame una parte de tu corazón para mi generación. Ayúdame a ser una mujer compasiva. Quebranta mi corazón por las cosas que quebrantan el tuyo. Quita

mi corazón de piedra y dame uno de carne. Dios, me arrepiento de toda dureza de corazón que me haga indiferente a los padecimientos de la humanidad. Padre, te pido que me hagas sensible al mover del Espíritu Santo. Tu Palabra dice que la manifestación del Espíritu nos es dada a cada uno. Te pido que me des el don de discernimiento de espíritus. Ilumina los ojos de mi entendimiento. Quita toda escama de mis ojos para que yo pueda ver a tu Espíritu. Me libero de todo espíritu de ceguera, sordera y mudez. Seré una mujer que escuche tu voz. Haz de mí una mujer de visión y percepción. Señor, facúltame para orar eficiente y fervientemente. ¡Haz de mí una casa de oración por todas las naciones!

Su turno

Use el espacio de abajo para escribir sus propias oraciones y declaraciones:

_____

_____

_____

_____

_____

_____

_____

_____

RESPONDA AL LLAMADO DE LA PROFECÍA

ESCRITURAS

Porque ¿quién estuvo en el secreto de Jehová, y vio, y oyó su palabra? ¿Quién estuvo atento a su palabra, y la oyó? Pero si ellos hubieran estado en mi secreto, habrían hecho oír mis palabras a mi pueblo, y lo habrían hecho volver de su mal camino, y de la maldad de sus obras.

—JEREMÍAS 23:18, 22

Porque no hará nada Jehová el Señor, sin que revele su secreto a sus siervos los profetas.

—AMÓS 3:7

Seguid el amor; y procurad los dones espirituales, pero sobre todo que profeticéis. Porque el que habla en lenguas no habla a los hombres, sino a Dios; pues nadie le entiende, aunque por el Espíritu habla misterios. Pero el que profetiza habla a los hombres para edificación, exhortación y consolación. El que habla en lengua extraña, a sí mismo se edifica; pero el que profetiza, edifica a la iglesia. Así que, quisiera que todos vosotros hablaseis en lenguas, pero más que profetizaseis; porque mayor es el que profetiza que el que habla en lenguas, a no ser que las interprete para que la iglesia reciba edificación.

—1 CORINTIOS 14:1–5

DECLARACIONES

El Señor me guiará con su voz; solamente necesito escuchar.

Permaneceré y esperaré a escuchar el mensaje que Dios quiere entregarme; esperaré por su consejo.

Señor, declaro que cuando abra mi boca, ¡tú la llenarás con tus palabras! (Vea Salmo 81:10).

Les profetizaré a los huesos secos de mi generación.

Profetizaré vida y esperanza a los que no la tienen. (Vea Ezequiel 37).

Permite que mis ojos sean abiertos para ver tu perspectiva. (Vea 1 Corintios 2:9).

Permite que mis oídos sean abiertos para escuchar tu verdad.

Permite que mi corazón sea puro para percibir tu voluntad.

Señor, pon tu verdad eterna en mi corazón. (Vea Eclesiastés 3:11).

ORACIONES

Permite que el espíritu de sabiduría y revelación descanse sobre mi vida. Señor, tú eres el Dios que revela secretos; revélame tus secretos (Amós 3:7). Permite que los ojos de mi entendimiento sean iluminados; que mi corazón se inunde de luz. Abre mis ojos para que pueda ver maravillas en tu ley. Reprendo la ceguera espiritual. Permíteme comprender el misterio de tu reino.

Permíteme recibir y entender tu sabiduría. Quiero conocer tus pensamientos y el propósito para mi vida.

Señor, yo creo que tú eres el Buen Pastor, y que yo soy tu oveja. Creo tu Palabra, que dice que yo puedo escuchar y reconocer tu voz. Tus ovejas conocen tu voz y te siguen. No seguiré la voz de un extraño. (Vea Juan 10:4–5). Padre, me humillo a mí misma como una de tus ovejas y te pido que actives tu voz en mi corazón. Deseo escuchar tu voz a un nivel más alto. Permite que el don de la profecía sea activado en mi vida. Deseo escuchar y liberar tu voz en mi generación. Por fe, avivo el don de profecía (2 Timoteo 1:6). Reprendo todo espíritu de temor que trate de impedir el fluir del Espíritu Santo en mi vida. Abre mis oídos para escuchar tu voz. Despierta mi oído cada mañana con tus instrucciones amables. Dame la lengua del discípulo para que pueda consolar a los fatigados. (Vea Isaías 50:4). Señor, abre las puertas de mi corazón para que puedas entrar y enseñarme. Deseo cenar contigo. Deseo que tú me enseñes tus caminos. Deseo que tú me des visión en las cosas que suceden a mi alrededor. Deseo que me digas las cosas que necesito decir, para la tarea por venir.

SU TURNO

Use el espacio de abajo para escribir sus propias oraciones y declaraciones:

_____

_____

_____

_____

_____

_____

_____

_____

_____

_____

_____

_____

_____

_____

_____

_____

_____

VIVA EN EL PODER DEL ESPÍRITU

ESCRITURAS

Una vez habló Dios; dos veces he oído esto: Que de Dios es el poder.
—SALMO 62:11

Y ni mi palabra ni mi predicación fue con palabras persuasivas de humana sabiduría, sino con demostración del Espíritu y de poder, para que vuestra fe no esté fundada en la sabiduría de los hombres, sino en el poder de Dios.
—1 CORINTIOS 2:4–5

Cómo Dios ungió con el Espíritu Santo y con poder a Jesús de Nazaret, y cómo éste anduvo haciendo bienes y sanando a todos los oprimidos por el diablo, porque Dios estaba con él.
—HECHOS 10:38

El Señor da la palabra; las mujeres que anuncian las buenas nuevas son gran multitud.
—SALMO 68:11, LBLA

Y se admiraban de su doctrina, porque su palabra era con autoridad. Y estaban todos maravillados, y hablaban unos a otros, diciendo: ¿Qué palabra es esta, que con autoridad y poder manda a los espíritus inmundos, y salen?
—LUCAS 4:32, 36

DECLARACIONES

Rompo toda limitación y barrera que el diablo haya puesto en mi vida.

Rompo toda parálisis y deformidad en mi vida.

Rompo toda mezquindad. Me libero de la mentalidad de insecto. Pensaré y soñaré en grande.

Me liberaré a la izquierda y a la derecha. Avanzaré en mi llamado y en mi destino.

Yo decreto crecimiento en mi vida.

Decreto crecimiento en mi ministerio.

Decreto crecimiento y nuevo territorio para predicar el evangelio. No hay lengua ni idioma donde mi voz no haya de escucharse. Mi boca habla sin temor contra mis enemigos. (Vea 1 Samuel 2:1).

Permitiré que el Señor ensanche mi corazón para que pueda correr por el camino de sus mandamientos (Salmo 119:32).

El Señor me librará del temor y de la baja autoestima.

El Señor agrandará mis pasos para que yo pueda recibir su riqueza y prosperidad.

Recibo liberación y crecimiento para mi vida y mis hijos. (Vea Ester 4:14).

ORACIONES

En el nombre de Jesús, tendré los pensamientos de Dios. Soñaré junto con Dios. Nunca más me consideraré como menos y menor por el hecho de ser mujer. Todo lo puedo en Cristo que me fortalece. Me desato del temor y de conformarme con menos de lo que merezco.

En el nombre de Jesús, atravieso todo techo de vidrio. Profetizaré a los límites de mi vida: ¡crezcan! Derrumbo toda imaginación y argumento que se levanta contra el conocimiento de Cristo. ¡No tendré doble ánimo con relación a mi llamado! Andaré en la unción de Débora. Soy vencedora en Jesucristo.

Señor, tu Palabra dice que, así como piensa el hombre en su corazón, así es él (Proverbios 23:7). Permíteme pensar en lo que tú piensas de mí. Pues tus pensamientos son tan numerosos como la arena a la orilla del mar.

Reprendo todo espíritu de retirada en el nombre de Jesús. No me apartaré de los propósitos del Señor. Avanzaré en los planes de Dios. Yo decreto que no cumpliré mi llamado en mis propias fuerzas. No es por mis fuerzas ni poder, sino por el Espíritu del Señor que cada montaña será removida de mi vida. Yo le grito: "Gracia, gracia", a la montaña de prejuicio, intimidación y temor. Dios dame tu sentir por mi deber. Dame tu perspectiva para que pueda ser tu portavoz en la tierra. Me pronunciaré contra la injusticia. Dios me ha dado su justicia, y soy tan valiente como una leona. No temo

ante el peligro. Predicaré la Palabra. Iré a donde sea que tú me envíes. En el nombre de Jesús. Amén.

SU TURNO

Use el espacio de abajo para escribir sus propias oraciones y declaraciones:

_____

_____

_____

_____

_____

_____

_____

_____

_____

_____

_____

_____

_____

_____

_____

_____

_____

ENCUENTRE FAVOR ANTE LOS OJOS DE DIOS

ESCRITURAS

Porque tú, oh Jehová, bendecirás al justo; como con un escudo lo rodearás de tu favor.

—SALMO 5:12

Porque un momento será su ira, pero su favor dura toda la vida. Por la noche durará el lloro, y a la mañana vendrá la alegría.

—SALMO 30:5

Porque sol y escudo es Jehová Dios; gracia y gloria dará Jehová. No quitará el bien a los que andan en integridad.

—SALMO 84:11

Porque el que me halle, hallará la vida, y alcanzará el favor de Jehová.

—PROVERBIOS 8:35

DECLARACIONES

¡Proclamo que este es el año del favor del Señor! Este es el tiempo indicado para que el favor del Señor se manifieste en mi vida.

Crezco en valía, la sabiduría aumenta, y el favor se multiplica para mí.

Permite que el favor del Señor abra puertas para mi deber que ningún ser humano pueda cerrar.

Yo recibo trato preferencial, benevolencia y ventajas dirigidas hacia el triunfo en cada área de mi vida.

Permite que el favor del Señor me rodee como un escudo.

Deja que el espíritu de favor obligue a las personas a ayudarme en el cumplimiento de mi destino.

Los reyes de la tierra extienden su cetro de favor hacia mí, y tengo todos los recursos financieros para alcanzar el propósito de Dios.

Los líderes y jefes de estado muestran buenos deseos hacia mí. Su corazón está abierto para escuchar y conceder mi petición.

Tengo el favor de todos los asignados a mi destino.

Recibo vida y favor del Altísimo.

Dios me rodea y protege con favor como escudo (Salmo 5:12).

El Señor es sol y escudo. Él me da favor y honra, y no me niega nada bueno.

Busco activamente y vivo por la sabiduría de Dios; por tanto, soy altamente favorecida y estimada a los ojos de Dios y las personas.

El favor de Dios trae promoción y hace que yo crezca diariamente.

Mis enemigos no pueden triunfar sobre mí, porque el Señor me ha favorecido.

ORACIÓN

Señor, te pido que me des un tiempo de favor. Dios, en tu amor fiel y abundante, respóndeme con tus misericordias. Señor, concédeme favor en cada situación dirigida a restringir mi propósito y a estorbar mi avance. Señor, haz que todo artefacto maligno se rompa; por tu bondad, permíteme obtener favor. Señor, te agradezco por el favor para completar mi misión en la tierra. Tú me conectas con personas clave que abrirán puertas y avanzarán tu propósito en mi vida. Señor, permíteme portar la fragancia de favor. Señor, tú eres mi sol y escudo; tú me concedes favor y honor. Tú no me niegas nada bueno. Señor, te agradezco por el incremento y la promoción sobrenatural. Permite que tu presencia y tu cuidado me preserven y protejan. En el nombre de Jesús te lo pido. Amén.

SU TURNO

Use el espacio de abajo para escribir sus propias oraciones y declaraciones:

_____

_____

_____

_____

ACTIVE UN ESPÍRITU DE INFLUENCIA

ESCRITURAS

Vosotros sois la luz del mundo; una ciudad asentada sobre un monte no se puede esconder. Ni se enciende una luz y se pone debajo de un almud, sino sobre el candelero, y alumbra a todos los que están en casa. Así alumbre vuestra luz delante de los hombres, para que vean vuestras buenas obras, y glorifiquen a vuestro Padre que está en los cielos.

—MATEO 5:14–16

Y sé tú mismo un ejemplo para ellos al hacer todo tipo de buenas acciones. Que todo lo que hagas refleje la integridad y la seriedad de tu enseñanza.

—TITO 2:7, NTV

Sea vuestra palabra siempre con gracia, sazonada con sal, para que sepáis cómo debéis responder a cada uno.

—COLOSENSES 4:6

Así que, ya no nos juzguemos más los unos a los otros, sino más bien decidid no poner tropiezo u ocasión de caer al hermano.

—ROMANOS 14:13

DECLARACIONES

Yo declaro que soy un agente de cambio.

Tengo sabiduría, conocimiento e influencia con la nueva generación.

Declaro que estoy en línea para mi misión.

Estoy hecha maravillosa y asombrosamente a la imagen de Dios.

Encontraré el lugar donde operará mi influencia.

ORACIÓN

Padre, te agradezco que estés despertando influencia dentro de mí. Hazme ver mi esfera de influencia. Quita las escamas de mis ojos para que pueda ver a aquellos a quienes me has indicado alcanzar. Señor, me has dado dones y talentos únicos para influenciar a quienes me rodean. Permite que los dones que me has dado me abran espacio en la tierra. Permíteme tener creatividad y libre expresión de mis dones. Deja que me conecte con quienes me capacitarán y equiparán. Empezaré donde estoy, en tanto continúo hacia todo lo que tienes para mí. No retrocederé por temor. Les impartiré lo que tengo a quienes me han sido asignados.

Señor, envíame a aquellos que opinarán que soy maravillosa. Envíame a quienes tienen un oído para escuchar mi voz.

Encontraré mi lugar maravilloso. En el nombre de Jesús. Amén.

Su turno

Use el espacio de abajo para escribir sus propias oraciones y declaraciones:

_____

_____

_____

_____

_____

_____

_____

_____

_____

_____

_____

_____

_____

_____

_____

_____

_____

Parte V

CONVIÉRTASE EN UNA MUJER DE DIOS

EL DESTINO EMPIEZA con una semilla, y cada una de nosotras llevamos una semilla de destino dentro. La Biblia dice que Dios "sembró la eternidad [un sentido de propósito divino] en el corazón humano [un anhelo misterioso al que nada bajo el sol puede satisfacerlo, excepto Dios]" (Eclesiastés 3:11, NTV, corchetes añadidos). Este anhelo es por un propósito o destino tan grande que nosotros no podemos comprender. Va más allá de nuestro entendimiento. Sin embargo, hay una parte para que nosotros la descubramos, tomemos acción y cosechemos.

Dios está buscando a quienes sembrarán y cultivarán la semilla de destino que Él plantó en ellas. Está muy interesado en promover mujeres que sean fructíferas; aquellas que no solamente hablen de ello, sino que, además, lo vivan, aquellas que estén listas para hacer algo. Si usted sabe que el Señor la está llamando a su destino, no puede darse el lujo de quedarse acompañada de gente que no hace nada. Así como las limitaciones que ellos se ponen a sí mismos, ellos intentarán apresarla en las expectativas que ellos tienen acerca de lo que usted debería ser; cosas que ellos creen que están dictadas por su color, género, clase social o estado económico. Sin embargo, no debe ser víctima de esta mentalidad, quedándose enganchada en las cadenas y grilletes sociales.

Estar consciente del propósito y destino de Dios provee toda la fuerza que necesita para enfrentar la oposición. Esa consciencia le dará estabilidad cuando los recursos no se alineen con la visión. Le dará la fe y el valor necesario para entrar a la visión. La provisión, favor y finanzas vendrán cuando empiece a avanzar en su llamado. La gente le ayudará cuando empiece a andar en su propósito.

Mujer de Dios, es tiempo para que haga lo que Dios planeó para usted antes de que naciera. Hay personas y lugares esperando que usted se levante y reciba su destino. Dios no la diseñó para llevar una vida mundana, mediocre. Use las oraciones, escrituras y declaraciones en esta sección para permitir que el Señor deje al descubierto la grandeza que hay dentro de usted. No permita que el racismo, sexismo o clasismo la derrote y la defina. El Señor está liberando tenacidad y determinación en su corazón para llevar a cabo su destino. ¡Recíbalo! Usted es una mujer que cambia al mundo.

COMPRENDA SU IDENTIDAD COMO UNA MUJER DE DIOS

ESCRITURAS

Y creó Dios al hombre a su imagen, a imagen de Dios lo creó; varón y hembra los creó.

—GÉNESIS 1:27

Porque tú formaste mis entrañas; Tú me hiciste en el vientre de mi madre. Te alabaré; porque formidables, maravillosas son tus obras; Estoy maravillado, y mi alma lo sabe muy bien.

—SALMO 139:13–14

Antes que te formase en el vientre te conocí, y antes que nacieses te santifiqué, te di por profeta a las naciones.

—JEREMÍAS 1:5

Porque somos hechura suya, creados en Cristo Jesús para buenas obras, las cuales Dios preparó de antemano para que anduviésemos en ellas.

—EFESIOS 2:10

Y que vuestro adorno no sea externo: peinados ostentosos, joyas de oro o vestidos lujosos, sino que sea el yo interno, con el adorno incorruptible de un espíritu tierno y sereno, lo cual es precioso delante de Dios.

—1 PEDRO 3:3–4, LBLA

DECLARACIONES

Fui hecha para más.

En el nombre de Jesús, declaro que saldré de la depresión y humillación, donde las circunstancias me han mantenido, como una mujer de Dios poderosa; ¡surgiré a una nueva vida!

Declaro que esta es la época cuando las cosas viejas se van y todo lo nuevo está formándose en mi vida. Dios me llama a un servicio activo en su ejército celestial.

Declaro que este es un tiempo cuando el Padre celestial hará que todos los sueños y las aspiraciones que Dios me dio fructifiquen.

Declaro que este es mi tiempo y época para alcanzar y vivir el propósito y destino ordenado por Dios.

Declaro que me levantaré del temor y abrazaré la valentía del Señor.

ORACIÓN

Oh, Señor, gracias por ser un Dios extraordinario que logrará cosas extraordinarias a través de mí. Me libero de limitaciones autoimpuestas. Rompo toda limitación que el enemigo haya puesto en mi vida. Señor, tu Palabra dice: "¡Líbrate cautiva hija de Sion!" (Isaías 52:2, RVC) y, en el nombre de Jesús, me libro de toda limitación, barrera, obstrucción y criterio demoníaco que me ha impedido alcanzar todo mi potencial.

Las tradiciones y opiniones de las personas ya no me engañarán ni atraparán. ¡Fui creada para la grandeza! Fui creada para ser portadora de la gloria de Dios por toda la tierra.

Me levantaré y estaré radiante por la gloria del Señor. Permite que la gloria del Señor brille en mí. Soy un faro de esperanza radiante para muchos que están en la oscuridad total.

Señor, dame palabras de sabiduría que guíen e influencien a muchos. ¡No permaneceré callada! ¡Rompo toda conspiración demoniaca diseñada para mantenerme callada! No permitiré que los errores del pasado y las decepciones me acallen. Abriré mi boca ampliamente, y Dios la llenará.

Dios, dame ideas, visión y conceptos para llevar liberación a muchos. Me has ungido para impartirles gracia a quienes están en mi esfera de influencia. Las palabras que digo liberarán vida a una generación lastimada.

No estoy en este mundo por casualidad. No estoy en esta década por casualidad. No estoy leyendo este libro por casualidad. Recibo gustosamente mi belleza interna y externa. Declaro que el poder de la feminidad se está despertando dentro de mí.

Señor, tu Palabra dice que harás todo hermoso en su tiempo. Someto mi vida y destino a tu obra y tiempo. Te entrego toda ambición y lucha. Te pido que me des gracia para soportar el proceso purificador. Me doy cuenta de que la carrera no la gana el más rápido o fuerte, sino quien soporta hasta el final.

Elijo someterme a las interacciones internas del Espíritu Santo. Señor, quita cualquier cosa de mi corazón que obstaculice mi destino. Tu no despreciarás un corazón contrito y humillado. Límpiame de todo orgullo, arrogancia y temor. Permite que el amor y la bondad fluyan de mi corazón.

El mundo tiene muchas definiciones para la belleza; pero, Señor, yo quiero irradiar la belleza auténtica del reino. El favor puede ser engañoso y la belleza, vana; pero la mujer que teme al Señor será alabada. Soy una mujer que teme al Señor. Desarrollaré los rasgos de bondad y humildad.

Señor, quita toda mezcla de experiencias negativas de mi comportamiento y mis valores. Elijo ser mejor y no amargarme. Permite que el fuego del Espíritu Santo limpie toda amargura, enojo, frustración y decepción.

Me someto a la unción de la mirra. Deja que el aceite de mirra limpie cada arruga y defecto de mi carácter. Soy una fragancia dulce y un preservante en el mundo deteriorado y putrefacto que me rodea. De mí saldrá la fragancia de gozo, amor y esperanza para un mundo moribundo.

Gracias, Dios, por ser fiel para completar esta obra en mí. En el nombre de Jesús. Amén.

SU TURNO

Use el espacio de abajo para escribir sus propias oraciones y declaraciones:

_____

_____

_____

_____

_____

_____

_____

_____

_____

_____

_____

_____

_____

_____

_____

_____

_____

_____

SEA UNA MUJER CON VIRTUDES Y EXCELENCIA

ESCRITURAS

Ahora, hija mía, no te preocupes por nada. Yo haré lo que sea necesario, porque todo el pueblo sabe que eres una mujer virtuosa.

—Rut 3:11, NTV

Mujer virtuosa, ¿quién la hallará? Porque su estima sobrepasa largamente a la de las piedras preciosas. El corazón de su marido está en ella confiado, y no carecerá de ganancias. Le da ella bien y no mal todos los días de su vida. Busca lana y lino, y con voluntad trabaja con sus manos. Es como nave de mercader; Trae su pan de lejos. Se levanta aun de noche y da comida a su familia y ración a sus criadas. Considera la heredad, y la compra, y planta viña del fruto de sus manos. Ciñe de fuerza sus lomos, y esfuerza sus brazos. Ve que van bien sus negocios; Su lámpara no se apaga de noche. Aplica su mano al huso, y sus manos a la rueca. Alarga su mano al pobre, y extiende sus manos al menesteroso. No tiene temor de la nieve por su familia, porque toda su familia está vestida de ropas dobles. Ella se hace tapices; De lino fino y púrpura es su vestido. Su marido es conocido en las puertas, cuando se sienta con los ancianos de la tierra. Hace telas, y vende, y da cintas al mercader. Fuerza y honor son su vestidura; Y se ríe de lo por venir. Abre su boca con sabiduría, y la ley de clemencia está en su lengua. Considera los caminos de su casa, y no come el pan de balde. Se levantan sus hijos y la llaman bienaventurada; Y su marido también la alaba: Muchas mujeres hicieron el bien; Mas tú sobrepasas a todas. Engañosa es la gracia, y vana la hermosura; La mujer que teme a Jehová, ésa será alabada. Dadle del fruto de sus manos, y alábenla en las puertas sus hechos.

—Proverbios 31:10–31

Declaraciones

Con la ayuda del Señor, procuraré ser una mujer virtuosa.

Oraré para que mi reputación virtuosa me preceda.

Apoyaré y mostraré lealtad a mi esposo, mis hijos y a mis seres queridos (Rut 2:11).

Tomaré la iniciativa para terminar lo que se tenga que hacer (Rut 2:2).

Soy una colaboradora valiosa, y así me veré a mí misma.

El gozo del Señor es mi fortaleza; me acordaré de esto cuando el gozo sea difícil de encontrar (Nehemías 8:10).

Como mujer virtuosa, procuraré cuidar a mujeres que sufran pobreza (Proverbios 31:20).

Dios me ha dado autoridad, y la usaré para seguir el llamado de Dios en mi vida.

El Señor me ha equipado para vivir con excelencia y humildad.

Hablaré con sabiduría y bondad (Proverbios 31:26).

Me vestiré con la fortaleza que el Señor me ha dado (Proverbios 31:17).

Dios me ha equipado y facultado con el Espíritu Santo para ser una mujer virtuosa.

Procuraré ser diligente y no perezosa.

Trataré de ser una mujer sabia que reconoce las oportunidades y las aprovecha (Proverbios 12:27).

Como mujer piadosa con virtud y excelencia, seré diligente, fiel, paciente y trabajaré arduamente.

Señor, a donde vayas tú, iré yo.

ORACIÓN

Señor, en tu Palabra dijiste que la mano del diligente gobernará. Recibo un espíritu de diligencia. Rompo con todos los espíritus de pereza en mi vida. Que tu mano venga sobre mí y me faculte para ser una mujer excelente. Padre, vísteme de dignidad y fuerza. Señor, enséñame cómo andar en humildad en un mundo lleno de orgullo y arrogancia. Me humillo bajo tu poderosa mano y tú me exaltarás como una mujer virtuosa. Padre, dame ideas creativas para empezar mi propio negocio. Dame el poder para obtener riqueza

*para que pueda establecer tu pacto en la tierra. Hazme
la voz de los que no la tienen.*

SU TURNO

Use el espacio de abajo para escribir sus propias oraciones
y declaraciones:

_____

_____

_____

_____

_____

_____

_____

_____

_____

_____

_____

_____

_____

_____

_____

_____

_____

EDUQUE

ESCRITURAS

Y llamó Adán el nombre de su mujer, Eva, por cuanto ella era madre de todos los vivientes.

—GÉNESIS 3:20

Instruye al niño en su camino, y aun cuando fuere viejo no se apartará de él.

—PROVERBIOS 22:6

Se levantan sus hijos y la llaman bienaventurada; y su marido también la alaba.

—PROVERBIOS 31:28

DECLARACIONES

Como mujer, fui creada y estoy llamada a promover la vida.

Me dedicaré a nutrir a aquellos que me rodean y necesitan amor y cuidado.

ORACIÓN

Señor, te pido que tu propósito para la siguiente generación se cumpla. Declaro que la nueva generación se levantará en poder, autoridad e influencia para poseer las puertas de sus enemigos. (Vea Génesis 22:17–18).

Ato todos los espíritus de muerte prematura y destrucción. Declaro larga vida sobre la próxima generación.

Oro para que la excelencia académica y el impacto social descanse sobre la próxima generación. Declaro que la siguiente generación de líderes cristianos resistirá toda falsa doctrina como el humanismo, secularismo y hedonismo. Ellos conocerán la verdad, predicarán la verdad y practicarán la verdad del Señor Jesús. (Vea Daniel 1:4–5).

Declaro que la descendencia de los justos será libertada de toda atracción maligna y demoniaca en funcionamiento que los seduzca a un estilo de vida alternativo. (Vea Proverbios 11:21).

Señor, te pido que halles a la siguiente generación teniendo sueños y visiones, con un conocimiento abrumador de tu amor y percatados de tu presencia.

Permite que la paz cubra los corazones y mentes de la siguiente generación. Que el Dios de paz aplaste el temor bajo sus pies. (Vea Isaías 54:13–14).

Declaro que la siguiente generación crecerá en los caminos de Dios. Permite que ellos sean fortalecidos en lo espiritual. Declaro que la siguiente generación crecerá en sabiduría, estatura y en el favor de Dios. (Vea Lucas 2:40, 52).

Declaro que la siguiente generación será como flechas del Señor. Traerá liberación a las naciones de la tierra. (Vea Salmo 127:3–5).

Señor, te pido que preserves la herencia del evangelio ¡a través de la siguiente generación! En el nombre de Jesús. Amén.

Su turno

Use el espacio de abajo para escribir sus propias oraciones
y declaraciones:

_____

_____

_____

_____

_____

_____

_____

_____

_____

_____

_____

_____

_____

_____

_____

_____

_____

_____

CONSTRUYA UN MATRIMONIO SÓLIDO

ESCRITURAS

Creó, pues, Dios al hombre a imagen suya, a imagen de Dios lo creó; varón y hembra los creó. Y los bendijo Dios y les dijo: Sed fecundos y multiplicaos, y llenad la tierra y sojuzgadla; ejerced dominio sobre los peces del mar, sobre las aves del cielo y sobre todo ser viviente que se mueve sobre la tierra.

—GÉNESIS 1:27–28, LBLA

Y de la costilla que Jehová Dios tomó del hombre, hizo una mujer, y la trajo al hombre. Dijo entonces Adán: Esto es ahora hueso de mis huesos y carne de mi carne; ésta será llamada Varona, porque del varón fue tomada. Por tanto, dejará el hombre a su padre y a su madre, y se unirá a su mujer, y serán una sola carne.

—GÉNESIS 2:22–24

El que halla esposa halla el bien, y alcanza la benevolencia de Jehová.

—PROVERBIOS 18:22

Mujer virtuosa, ¿quién la hallará? Porque su estima sobrepasa largamente a la de las piedras preciosas.

—PROVERBIOS 31:10

Pero al principio de la creación, varón y hembra los hizo Dios. Por esto dejará el hombre a su padre y a su madre, y se unirá a su mujer, y los dos serán una sola carne; así que no son ya más dos, sino uno. Por tanto, lo que Dios juntó, no lo separe el hombre.

—Marcos 10:6–9

Declaraciones

Cancelo toda actividad de las tinieblas en contra de mi matrimonio.

Ato cualquier espíritu malo, de seducción, que trate de atacar a mi esposo, en el nombre de Jesús.

Busco, persigo y recupero mi matrimonio de la garra de los espíritus que destruyen matrimonios.

Reprendo todo espíritu que destruya matrimonios en el nombre de Jesús.

Declaro que lo que Dios ha unido nadie lo separará.

Libero el don de liderazgo sobre la vida de mi esposo. Que la sabiduría de Salomón descanse sobre él.

Declaro que mi esposo es un hombre de autoridad y que anda en la autoridad del reino.

Reprendo todo espíritu de egoísmo.

Reprendo al acusador y señalador de los hermanos. Declaro que seremos rápidos para perdonarnos el uno al otro.

ORACIONES

Para la mujer casada

Señor, que el amor y respeto mutuo fluya en mi matrimonio. Permite que mi esposo guíe a nuestra familia según tus propósitos. Permite que la gracia y el amor fluyan en nuestro hogar. Que nuestro hogar sea un lugar donde habite tu gloria. Que la unidad y el acuerdo fluyan en nuestro pacto matrimonial. Declaro que mi esposo y yo somos una sola carne; por lo tanto, ya no somos dos, sino uno. (Vea Mateo 19:6.) Permítenos ser tiernos el uno con el otro. Reprendo al espíritu de dureza de corazón. Reprendo al espíritu de divorcio. Padre, bendice nuestro matrimonio.

Para la mujer soltera

"No es bueno que el hombre esté solo; le haré una ayuda idónea" (Génesis 2:18, LBLA). *Padre, gracias por estar restaurando las relaciones entre hombre y mujer en el Cuerpo de Cristo. Tu Palabra dice que dos son mejor que uno. Te pido conexión divina y que yo atraiga hombres de corazón puro. Me libero de los dolores del pasado. Señor, el poder de tu sangre limpia mi corazón de toda amargura. Seré una mujer de autoridad y me someteré a un hombre en autoridad.*

SU TURNO

Use el espacio de abajo para escribir sus propias oraciones
y declaraciones:

_____

_____

_____

_____

_____

_____

_____

_____

_____

_____

_____

_____

_____

_____

_____

_____

_____

_____

HAGA AMISTADES DE PACTO

ESCRITURAS

Hierro con hierro se aguza; y así el hombre aguza el rostro de su amigo.

—PROVERBIOS 27:17

Este es mi mandamiento: que os améis los unos a los otros, así como yo os he amado. Nadie tiene un amor mayor que éste: que uno dé su vida por sus amigos.

—JUAN 15:12–13, LBLA

Llevad los unos las cargas de los otros, y cumplid así la ley de Cristo.

—GÁLATAS 6:2, LBLA

Así que, nosotros los que somos fuertes, debemos sobrellevar las flaquezas de los débiles y no agradarnos a nosotros mismos. Cada uno de nosotros agrade a su prójimo en lo que es bueno para su edificación.

—ROMANOS 15:1–2, LBLA

DECLARACIONES

Mis amistades no son coincidencia; Dios ha puesto a estas mujeres en mi vida con un propósito.

Me comprometeré con mis amigas a formar amistades profundas y que honren a Dios.

Llevaré las cargas de mis amigas.

Cuando Dios me muestre una buena amiga para mí, me comprometeré con ella como Rut lo hizo con Noemí.

Dejaré que el Señor use mi amistad y lealtad para que sucedan cosas buenas en la vida de mis amigas.

Haré mi parte para "afilar" a mis amigas, y estaré dispuesta a que ellas hagan lo mismo por mí (Proverbios 27:17).

Entregaré mi vida por mis amigas (Juan 15:12–13).

Acompañaré a mis amigas cuando atraviesen adversidad.

ORACIÓN

Señor, te pido que me hagas una amiga de pacto. Creo que uno puede alcanzar a mil y dos pueden hacer huir a diez mil. En la amistad de pacto hay poder exponencial para alcanzar a más en el reino. Señor, trae mujeres a mi vida para que podamos tener un acuerdo en nuestra fe. Creo que hay poder en el acuerdo. El acuerdo y la unidad atraen tu presencia. Te pido que traigas conexiones y amistades divinas a mi vida. Creo que dos son mejores que una. Rompo con el espíritu de llanero solitario en mi vida. Envía mujeres leales a mi vida, mujeres que me amen por lo que soy y no por lo que pueda darles. Señor, tu Palabra dice: "Nadie tiene un amor mayor que éste: que uno dé su vida por sus amigos" (Juan 15:13, LBLA). Te pido que me hagas una amiga sin egoísmo. Enséñame a servir a los demás y a poner sus necesidades antes que las mías.

Señor, libera una nueva expresión de trabajo en equipo entre las mujeres. Permite que las mujeres entendamos que juntas podemos alcanzar más para tu gloria. Rompo con el espíritu de discordia y confusión entre las mujeres. Me levantaré y declararé que podemos hacer más juntas que separadas. Estos son días en los que cada mujer entrará su rango y columna en el ejército del Señor. No presionaremos ni competiremos, sino que apoyaremos y animaremos a cada una de nuestras hermanas según su destino.

SU TURNO

Use el espacio de abajo para escribir sus propias oraciones y declaraciones:

_____

_____

_____

_____

_____

_____

_____

_____

_____